楽しく話す
生き方教室

言葉の力で
未来は変わる

はじめに

言葉は未来を創る道具です

自分の想いを言葉にのせて

話し方は、仕事だけではなく、ありとあらゆる人と人とのつながりに影響を与えます。言葉に気を配り、感じの良い話し方をすることにより、友人が増えたり、仕事がうまくいくようになったりします。話し方は、自分の暮らしや人生に大きく影響するのです。

私が指導している話し方教室では、年に1回、生徒さんたちの発表会を行っています。「ありがとう」という感謝の気持ちや「ごめんなさい」というお詫びの言葉を、みんなの前で発表するというものです。なぜ、ありがとうと言いたいのか、なぜ、ごめんなさいと言いたいのか、会場の大勢のお客さんにわかってもらえるように話すことが狙いです。「なるほど！」と共感してもらうためには、どう話したらいいのかを考えてもらうのです。自分の想いを丁寧に伝えるために、自分の置かれた状況やその場の雰囲気、自分の気持ちの変化を、よりぴったりとくる言葉を選んで紡いでいきます。自分と同じ気持ちになってもらうことはできませんが、できるだけ自分の気持ちに近づいてもらえるように、理解してもらえるように考えるのです。

こうして練り上げた原稿を、心をこめて話します。原稿を用意しますが、読むのではなく、語りかけるように話します。

たとえば、親を自宅で看取ったことを話してくれた女性がいました。ガンで余命宣告された親が、自宅に帰りたいというので、住み慣れた家で看病することに決め、家族で協力して看取った経験を話してくれました。

途中から、会場にはすすり泣く声が広がっていきました。一生懸命介護した家族の気持ちや、最期まで大好きな自宅で過ごすことができて感謝しながら他界した親の気持ちに想いをめぐらせ、共感したのでしょう。発表した女性は、会場の大勢の共感を得る話し方ができたのです。

これは、大きな自信につながります。限られた時間で発表するのですから、言葉を選び、話の組み立て方も工夫しなければなりません。自分の想いや考えを伝えるには、目に見えない努力が必要なのですが、それをすることによって、自分の話し方を振り返り、話す力に磨きをかけることができるのです。

思い立ったら　いつでもそこがスタートライン

そうした話す力を身につけるためには、語彙を増やすことです。語彙が少ないと、的確に表現する力に欠け、ときには誤解されてしまうこともあります。語彙を増やすには本を読むことです。わからない言葉は調べ、美しい言葉や感動する表現に出合ったら、書きとめておくこともおすすめします。子どもの頃は、家庭や学校での言葉のシャワーによって、自然に言葉を体得していきますが、大人になったら、本や新聞を読んで語彙を増やす努力が大事です。

人生にはさまざまな節目があります。節目の度に目標を立て、心機一転がんばろうと思ったりしますよね。でも、節目に心に誓った目標は、いつの間にか忘れ去り、曖昧になってしまうことはありませんか？　私は節目に関係なく、思い立ったら、いつでもそこにスタートラインを引くことにしています。

スタートラインは「話すこと」にも言えます。きょうから、いいえ、今から、「もう少し大きい声で話すようにしよう」とか、「挨拶するときは、笑顔で言うようにしよう」とか、スタートラインを引けばいいのです。今まで笑顔を意識しないで交わしていた挨拶も、笑顔で言うことによって、自分の心も明るくなります。相手が笑顔で挨拶を返してくれると、自分も嬉しくなります。そんな挨拶を積み重ねることによって、「あなたは、いつも笑顔で挨拶してくれて、本当に感じがいいね」という、ひと言につながっていくのです。

すると、いつの間にか友達が増え、仕事も順調になるだけでなく、前向きな考え方のできる人に変わっていくのです。「〜しなければならない！」ではなく、「〜してみようかな」と思うことが、自分を変えるきっかけになるのです。自分の可能性を見つけだすことができたら素敵だと思いませんか？心掛けしだいで、人生は変わります。明るい人になりたいと思ったら、なれるのです。変わる力は自分自身の中にあるのに、気がつかないだけなのです。

「人前で、自分の意見をしっかり言えるようになりたい！」

「結婚式で気の利いたスピーチをしたい！」
「冗談が言えるようになりたい！」

どうせできないからと諦めたら、絶対できません。ダメで元々ぐらいの気持ちで、一歩前に踏みだすことが大切です。そういう前向きな心掛けによって、新しい自分に出会えるはずです。今からでも遅くはないのです。思い立ったら、そこからスタートすればいいのです。

うまくいくはずの仕事が、言葉一つでとん挫してしまうこともあれば、逆に、失敗するかもしれないと思った仕事が、自分の想いをしっかりと伝えることによって、うまくいくことだってあるのです。

言葉は自分の未来を創る鍵を握っています。人生を切り開く力を持っています。言葉の力を身につけるためにお金はかかりませんが、たゆまぬ努力は必要です。生きることは、自分の居場所をみつけること。心地よい居場所をみつけるためにも、話し方のスキルアップを、ぜひ心掛けてください。

二〇一六年五月

村松　真貴子

本書は、月刊「農業協同組合経営実務」（全国共同出版）二〇一〇年四月号～二〇一五年三月号に連載した「ビジネスに活かす話し方教室」を再構成したものです。

CONTENTS

大勢の前で堂々と話そう

未来を変える
話し方

正しい発声を学ぶ

身体は楽器

魔法の呪文「声は前に出す」

私たちの身体は、バイオリンやピアノと同じように楽器です。他の楽器と違う点は、バイオリンやピアノは演奏する人がいないと音が出ませんが、身体という楽器は、自分自身が演奏者であるということです。

会話したりスピーチしたりするということは、自分の楽器を奏でて自分の考えや思いを伝え、コミュニケーションをはかっているのです。ですから、演奏者の腕を磨くことが、仕事の上にも大きな力を発揮します。

では、具体的にどのようにして腕を磨くのか。まず声の出し方です。

「ＮＨＫ文化センター」や「ＮＨＫ学園」で、話し方講座を担当するようになって気がついたことは、多くの人が「声が前に出ていない」ということです。声は出ているのですが、「前に出ていない」のです。

たとえば、自分の名前を、ふだん口にするように言ってみてください。声が、前に出ていますか？口の中でモゴモゴと言っていませんか？顔をまっすぐ前に向けて、自分の名前を一音一音はっきりと、口から前へ押し出すように言ってみましょう。

「ムラマツ　マキコ」と言う場合、「ムラマツ」の「ツ」の音が前に出にくいので、どうしても小さくなりがちです。「ツ」の音もできるだけ前に押し出すような気持ちで言ってみることが大切です。意識しないと、人はだれでも、楽な話し方、省エネ型で話すようになってしまうのです。

そこで、呪文を一つ伝授します。

「声は前に出す」

これを、ゆっくり言ってみてください。

そのとき、「声は」までは、そのままの姿勢でいいのですが、「前に出す」と言うところで、両手を顔の前に突き出すようにして言ってみましょう。立っている場合は、両手だけでなく、片足を一歩前に出すようにして言ってみてください。

いかがですか？口から声が前に出ていくような感じがつかめましたか？元気がないときなど、とくにこの呪文が効力を発揮します。大事な商談や、プレゼンテーションの前には、ぜひこの呪文を唱えてみてください。

見ているところに声は届く

いま、机の上に、鉛筆やボールペンがありますか？　携帯電話やパソコンのマウスでもいいので、それを手にとって顔の前に持ち上げてください。それに向かって何か話しかけてみましょう。

たとえば、

「こんにちは。お元気ですか？」


と、言ってみてください。

人ではないものに話しかけるのは、少々違和感を抱くかもしれませんが、そこにだれかいるような感じで話しかけてみましょう。もちろん、笑顔で話しかけることは言うまでもありません。

次に、少し離れたものに向かって、同じように話しかけてみましょう。壁に掛けてあるカレンダーや絵画、テレビや椅子などに向かって、

「こんにちは。お元気ですか？」


と言ってみてください。

職場で、突然ひとり言を言いだしたら、周りの人に変な目で見られてしまいますから、できれば友人や家族と一緒にやってみるといいですね。お互いを観察することによって、「見ているところに声

が届く」ということが実感できるからです。

まず、声の大きさが違います。近くの物に話しかけるときは、小さな声になりますが、遠くの物に話しかけるときは大きな声になります。

その声を線で表してみるとどうなるでしょう? 遠くの物に話しかけるときは、声は放物線を描いているような感じで、発せられるのではないでしょうか。遠くにボールを投げるとき、ボールを高く放り投げる。あの感じです。

話しかけたい人を見ることによって、声が届き、思いが伝わるのです。いつもうつむきかげんで話していると、声は下向きに発せられるので、聞き取りにくくなるし、自信がないように思われてしまいます。顔を上げて、相手を見て話すことが大切です。見ているところに声は届くようになっているのです。

では、大勢の人を前にして話すときは、どうでしょう?

全員に伝えたいと思ったら、同じように全員の顔を見て話すことがコツです。といっても、一人ひとりと視線を交わしたことを確認して話していたら、疲れてしまいます。そんなときは、端から端まで見ながら話すことがポイントです。

横に広い会場なら、「M字型」に視線を送って話すといいでしょう。縦に長い、奥行きのある会場なら、「S字型」に、ゆっくり視線を送って話すことを心掛けてみてください。

自分の考えや思いは、視線に乗って相手に届きます。伝えたい相手を見ることが、上手なコミュニケーションのコツなのです。

正しい発声と明瞭な発音をするために

あなたの呼吸法はどちら？

感じの良い話し方や説得力のある話し方をするためには、まず、呼吸法をマスターしましょう。

声が小さくて悩んでいる人も、いらっしゃるでしょう。

声が小さいと何度も聞き返されたり、重要な部分が正確に伝わらず、仕事に支障が出ることさえあります。「ＹＥＳ」なのか「ＮＯ」なのか、日本語は語尾まではっきり言わないと誤解が生じてしまうからです。

声が小さかったり弱々しくて悩んでいるからといって、大きな声を出せばいいというものではありません。やたらに声を張り上げると、喉に負担がかかり声帯の動きを悪くして、声が出なくなってしまうこともあります。

喉に負担をかけないでよく通る声を出すためには、腹式呼吸を身につけるといいです。

呼吸には、大きく分けて「胸式呼吸」と「腹式呼吸」があります。自分は、どちらの呼吸法をしているか知ることから始めましょう。

鏡を見ながら大きく息を吸ってみてください。数十人を前に話していると仮定して、

「こちらが、炊きたてのおいしさをそのまま味わうことができる、新しいタイプのお米のパックです」

と、言ってみましょう。

息を吸ったときに肩が上がった人は、胸式呼吸をしています。深呼吸をするときも肩が上がりますね。肩が上下するのは胸式呼吸です。大きく息を吸っても肩が上がらなかった人は、腹式呼吸をしています。腹式呼吸は、肩が上がるかわりにお腹が前に膨らみます。

一般的に、男性は腹式呼吸、女性は胸式呼吸をしている人が多いといわれています。みなさんはどちらでしょうか?

テレビでニュースを読んでいるアナウンサーを観察してみてください。息継ぎの度に肩が上がる人はいませんね。腹式呼吸をしているからです。息を吸う度に肩が上がると、見ている方まで息苦しくなってしまいます。声をしっかり出して、多少長い文章でも意味の切れめで息継ぎをするには、腹式呼吸を身につけなければならないのです。

説得力のある話し方をするためにも、腹式呼吸法を身につけるといいでしょう。

腹式呼吸といっても、腸で息をするわけではありません。肺の下の方にある横隔膜を下げて、肺を大きく広げることによって、息をたくさん吸い込む呼吸法のことです。緊張しているときは、呼吸が浅くなりドキドキしますが、腹式呼吸を何回かするとおまじないのように呼吸が落ち着いてきます。

腹式呼吸の練習をしてみよう

会話をしていて、相手の声が小さかったり滑舌《かつぜつ》が悪かったりして、聞きとれずイライラしたことはありませんか?逆に、自分が話しているときに、よく聞き返されたりしたことはありませんか?

自分がどんな話し方をしているのか、あまり考えたことはないのではないでしょうか?呼吸するのと同じように、無意識に声を出している人がほとんどだと思いますが、声の出し方や話し方は、仕事だけではなく、その人の生き方全般に大きな影響力を持っています。

張りのある声を出すために、声を出す仕組みを理解しましょう。

声を出すときは、息を吐きますね。息を吐くと喉の中ほどにある声帯が閉じて振動します。男性の場合は、喉仏と言われるところです。そこに軽く指をあてて、**「アー」**と声を出してみましょう。

声帯のあたりが振動しているのがわかりますか?小さく震えているような感じです。その声帯の振動が声の素となり、口の形や開け方、舌の位置や、唇、歯などを使って発音していくのです。

では、練習です。

まず、足を肩幅に開いて立ってください。

まっすぐ前を向いて姿勢よく、両足に均等に体重をかけるように立ち、肩甲骨を前から後ろにゆっくり何回か回して、両腕が下がったところでストンと力を抜きましょう。

こうすると、胸が開いて肺にたくさん息を吸いこむことができます。このとき、顎は少し引き気味にするといいでしょう。顎が上がったり下がったりすると、声の通り道が邪魔されてしまうからです。

次に、お腹に手をあてて深呼吸の練習です。

深呼吸というと、いきなり大きく息を吸い込む人が多いと思いますが、「息を吐く」という意識を持ちましょう。ストローがあったらそれを口にして、ストローからゆっくり息を吐いてみましょう。

お腹を引っこめるような感じで息を吐いていきます。下を向かずに顔は正面を向いたままで、もうこれ以上吐けないというところで、お腹にグッと力を入れて、吐いてください。

次に、鼻から一気に息を吸います。お腹が膨らむように息を吸い込むことがポイントです。

このように、お腹がへこんだり膨らんだりする呼吸法を腹式呼吸といいます。腹式呼吸といっても、お腹や腸で息をしているわけではありません。肺の深いところまで吸い込む呼吸法のことです。

逆に、お腹は動かずに、息を吸うたびに肩や胸が動く呼吸法は、胸式呼吸と呼びます。

腹式呼吸は、喉にかかる負担が少なく長時間話し続けることができ、声に力があるので、仕事で相手を説得するのに有利です。

腹式呼吸の仕方がよくわからない方は、大の字になって仰向けに寝てみましょう。体の力を抜いて、ゆっくり深呼吸してみてください。息を吸ったときにお腹が上に膨らみます。これが腹式呼吸です。

「アイウエオ」をはっきり発音してみよう

腹式呼吸ができるようになったら、吸いこんだ息を効率的に声として出す練習をしましょう。

まず、低い声で**「アー」**と言ってみてください。

始めは低い声で、徐々に声を高く、大きく出すようにしてください。自分の口から出ている声の線を目で追ってみてください。「アー」という声の束が、まっすぐに出ていればＯＫです。このとき「声は前に出す」という意識を持つことが大切です。両手をお腹に当てて、声を出すに従って、お腹が少しずつへこんでいくような感覚で発声してみましょう。

次に、日本語の母音「アイウエオ」の発音練習です。

「ア」という音は、口を縦に開けるようにして言いましょう。鏡を用意して口の形を見ながら「ア」と、言ってみてください。「エ」の口の形で「ア」と言っている人が多いと思います。明瞭な発音をするためには、「ア」は口を縦に開けることがポイントです。

「イ」は、唇を横に引いて発音します。中途半端な引き方ではなく、口の周りの筋肉を意識して、しっかり横に引くようにしましょう。

「ウ」は、唇を幾分前に突き出すような感じです。

「エ」は、舌先を下の前歯に当てて舌を持ち上げるような感じです。

「アエアエアー」と声を出すと、舌の動きを感じることができるでしょう。口の形も観察してください。「ア」のときは縦に、「エ」のときは幾分横にひきます。

「オ」も口をすぼめますが、「ウ」よりも縦に大きく開ける感じです。

「ウオウオウー」と声を出すと、口の動きが実感できると思います。

それぞれの音が明瞭に出るようになったら、

「ア・イ・ウ・エ・オ」

「アー・イー・ウー・エー・オー」

と発音練習してみましょう。

さらに

「ア・エ・イ・ウ・エ・オ・ア・オ」

と、声を出してみましょう。

口の形と舌の位置を確認するように意識して発声練習をすることがポイントです。

日本語は、「ン」以外の音は、すべて子音と母音の組み合わせでできています。ですから母音をはっきり発音するように心掛けることが、明瞭な発音をするために不可欠なのです。

また、日本語は語尾をはっきり発音しないと、肯定なのか否定なのかわかりません。声が小さかったり、か細い人は、語尾が聞き取りにくいので、仕事の妨げになってしまいます。腹式呼吸で発声練習すれば、必ず成果は表れます。逆に何もしないと、声帯も、顔の筋肉（表情筋）もしだいに弾力を失い、声も歳をとってしまうのです。

早口言葉の練習

バナナの謎はまだ謎なのだぞ

ここはグラナダなのだぞ

「まだ謎なのだぞ」が「謎なぞ」になってしまわないように気をつけましょう。「ナ」「ノ」「ダ」「ゾ」という音を、意識して発音するようにすれば、言えるようになります。

聞きやすい速さで話してみよう

自分の話すスピードを知ろう

仕事で説明したり、会議で意見を行ったりするときに、「えっ、何とおっしゃったのですか?」「今のところを、もう一度言っていただけますか」などと、言葉を挟まれることはありませんか?声が小さかったり、滑舌が悪く発音が明瞭でなかったりする場合に多いのですが、早口の場合も聞き取りにくくなってしまいます。

そこで今回は、話すスピードについて考えてみましょう。

まず、次の文章を読んでみてください。ふだん自分が話しているような感じで読んでみて、どのくらい時間がかかったか測ってみましょう。

「みなさま、本日はお忙しいなかお越しくださいまして、ありがとうございます。ただ今から、わが社が先ごろ発表しました新製品についてご説明申しあげます。お手元の資料をご覧ください。まずこのドレッシングの特徴は、無添加であるということです。そして、味の決め手は、厳選した玉ねぎをはじめとする野菜と果物をすりおろして、たっぷり使っているというところです。何度も味

覚テストを重ね、酸味と程よい甘味のある、この味にたどり着きました。野菜本来のおいしさを引き出すマイルドな味です。しかもカロリーは、これまでのドレッシングの半分に抑えました。このヘルシーな点も、ダイエットに取り組んでいる方々には、喜ばれるのではないかと思います」

いかがでしたか?

50秒以内で読み終わってしまったという方は、ちょっと早すぎます。そのスピードで話していると、友人とのおしゃべりでは支障がないかもしれませんが、ビジネスでさまざまな方を相手に話す場合は、早口で聞き取りにくいことがあるでしょう。もっとゆっくり話すようにしましょう。

では、どのくらいの速さが適当なのかというと、聞きやすい速さは、1分間に300字だと言われています。今の文章は、およそ300字ですから、これは、1分間かけて読むと、聞きやすい速さになるのです。

このように考えると、聞き取りやすい話し方は、みなさんが考えているより、大変ゆっくりしたテンポであると言えるでしょう。

「間」と「緩急」が決め手

例にあげた文章を1分もかけて読むのでは、ゆっくり過ぎて、かえって不自然だと感じる方もいらっしゃるでしょう。

1分間かけて話すには、コツがあります。

まず、全体のテンポをゆっくり話すということです。ふだんからどうしても早口になってしまうという方は、全体をゆっくり話すように心掛けましょう。一音、一音を丁寧に発音し、落ち着いて話すようにしてみてください。

次に気を配ることは、表情をつけて話すということです。

一定のリズムで、あるいは淡々と話すのではなく、表情豊かに話すことがポイントです。

話の表情とは何かというと、**「間《ま》」**をとって話すようにすることと、**「緩急」**をつけて話すようにすることです。相手に伝えたい、わかってほしいという重要な部分は、ゆっくり話しましょう。そうでないところは速くてもかまいません。いつも一定のペースで話したり、淡々と話すのではなく、内容によってメリハリをつけて話すことが、表情のある話し方になるのです。

では、先ほどの文章をメリハリをつけて話してみましょう。太字の部分の前では、少し間をとるようにしましょう。そして太字の部分は、ゆっくり、はっきり言うようにしてみてください。

「みなさま、本日はお忙しいなかお越しくださいまして、ありがとうございます。ただ今から、わが社が先ごろ発表しました新製品についてご説明申しあげます。お手元の資料をご覧ください。まずこのドレッシングの特徴は、**(間) 無添加である**ということです。そして、味の決め手は、**(間) 厳選した玉ねぎをはじめとする野菜と果物をすりおろして、(間) たっぷり使っている**というところです。何度も味覚テストを重ね、**(間) 酸味と程よい甘味のある**、この味にたどり着きました。**(間) 野菜本来のおいしさを引き出すマイルドな味**です。しかも **(間) カロリー**は、これまでのドレッシングの **(間) 半分に**抑えました。この **(間) ヘルシー**な点も、ダイエットに取り組んでいる方々には、喜ばれるのではないかと思います」

いかがでしたか?

このようにすれば、1分ぐらいかかるでしょう。50秒台ならOKです。その話し方のテンポを身につけるようにしてください。

つねに、「自分の話し方はどうかな?」「相手に伝わっているかな?」「聞き取りやすい話し方だろうか?」と、気にかけることによって、話し方のテクニックは上達します。

慣れてくれば、話の内容によって、自然に緩急をつけたり、間をとったりして話すことができるようになります。そのためには、つねに何が大切か、何を伝えたいのかを念頭に置いて話すようにすることです。

表情豊かな話し方ができるようになれば、相手を説得する力も増し、仕事の成果にもつながり、それはあなたの暮らしも楽しいものにしてくれるはずです。話し方が変われば、人生も開けてくるのです。

早口言葉の練習

武具馬具《ぶぐばぐ》　武具馬具　三《み》武具馬具
あわせて武具馬具　六《む》武具馬具

「ブグバグ」は言えても、「ミ」がつくと言いづらいのではないでしょうか?「ブグバグ」は発音記号で書くと、「ブク゚バク゚」となります。この「ク゚」という音は、鼻にかかった音で、ガ行鼻音(ガ行鼻濁音)といいます。単語の先頭の音が「ガ」「ギ」「グ」「ゲ」「ゴ」だったら「ガ」「ギ」「グ」「ゲ」「ゴ」の濁音でいいのですが、二つめ以降に「ガギグゲゴ」がきたら「カ゚」「キ゚」「ク゚」「ケ゚」「コ゚」という鼻にかかった音で発音します。たとえば、「学校」は「ガッコー」ですが、「小学校」は「ショーカ゚ッコー」になります。「株式会社」も「カブシキガイシャ」ではなく、「カブシキカ゚イシャ」となります。このほうが発音しやすいのです。ただし、カタカナ(外来語)や「ガラガラ」「ゲラゲラ」のように擬態語で同じ音を繰り返すときは濁音です。

よく通る声を出すために

良い姿勢が響く声を作る

パソコンに向かって仕事をしている方は多いと思います。会話もしないでひたすらパソコンに向かっていて、電話がかかってきたときに、思うように声が出なかったという経験はありませんか？長時間パソコンに向かっていると、前かがみの姿勢になってしまい、意識しないうちに声が出にくくなってしまうのです。

日常生活でも、私達は前かがみの姿勢を続けることが多いですね。姿勢が悪いと、体が前側に縮んでしまうので、呼吸が浅くなったり血流が悪くなったりします。そういう時間が積み重なると、徐々に声が小さくなったり、滑舌が悪くなったり、張りのある声が出なくなったりしてしまいます。

そこで、良い声、響く声を出すためには、どんな姿勢をしたらいいのか、〝身体という楽器〟の使い方を覚えましょう。

まず、壁やドアなど平らな物を背にして、かかと、お尻、背中、頭をつけて立ってください。足は肩幅ぐらいに開きましょう。両足に同じように体重をかけて立ちます。いかがですか？体が開いて、胸を張ったような感じになりますね。

ただこの姿勢だと、体が反りすぎているので、背中に握りこぶしが一つ入るくらい、ほんの少し体を壁やドアから離すといいでしょう。ちょうど土ふまずで、体重を受け止めている感じになります。

それが、響く声を出すための良い姿勢です。鏡を見ながらやってみるか、だれかに手伝ってもらうといいでしょう。互いにチェックしながら、良い姿勢を確認してみてください。

その姿勢で**「アー」**と、声を出してみましょう。"見ている所に声は届く"ので、できるだけ遠くを見て声を出すようにしてください。顎を上げないように気をつけて、できるだけ長く声を出せるように練習してみてください。

さらに、

「おはようございます」
「よろしくお願いいたします」
「ありがとうございます」

など、よく口にする言葉を言ってみましょう。姿勢がしっかりしていると、声にも張りが出てきます。それが、説得力のある話し方にもつながります。

表情、口の形、舌の動きを意識して声を出そう

私達の身体は、生きている楽器です。そのときの体調によって、声も変わります。年齢や状況によっても、微妙に変化しています。暑かったり、寒かったりしても、楽器は影響を受け、音色は変わってくるのです。老化は仕方ありませんが、トレーニングすることで、ある程度は防ぐことができます。若々しい声を保つためにも、鏡を見ながら発声練習することをおすすめします。

先ほどの姿勢で鏡の前に立ってください。

自分の顔と向き合ったら、ニッコリ笑いましょう。「そんなことできない！」とおっしゃる男性の方が多いのですが、魅力的な話し方を身につけるためには、これが一番近道です。

まず、歯を見せずにニッコリ笑い、次に、歯を見せてニッコリ笑いましょう。

このとき、口のまわりの筋肉が、どんな動きをしているのか観察してみてください。笑うためには、笑うための筋肉を使っているのだと実感できると思います。

ニッコリ笑った顔で、

「おはようございます」
「こんにちは」
「ありがとうございます」

と言ってみましょう。

感じの良い笑顔になっていれば、感じの良い声になっているはずです。

次に、

「ア・イ・ウ・エ・オ」

と、ゆっくり発音してみましょう。

口の周りだけではなく、首の筋肉も動いていることがわかりますね。声を出すということは、表情筋をはじめいろいろな筋肉を使っているのです。

今度は

「アーエーアーエーアー」

と、できるだけ大きな声で発声練習してみましょう。

「ア」の音は、口を縦に開けるようにしてください。「エ」の音は、唇を少し横に引き、舌の中央の部分を持ちあげるような感じになりますね。その動きを意識しながら声を出してください。筋肉、口の形、舌の動きなど、実に複雑なことを組み合わせながら声を出していることがわかります。

よく通る声を出すためには、たとえば大きな声で、

「よろしくお願いします」

と、言ってみましょう。

大きな声を出すために喉に力を入れる人がいますが、それは間違いです。喉を傷めてしまいます。力を入れるところは、お尻です。肛門をちょっとしめるような感じで、声を出すようにしてください。肛門に力を入れると、自然と下腹にも力が入ります。よく通る声を出すには、正しい姿勢で肛門を少ししめるようにすればいいのです。

大勢を前にしたプレゼンテーションなどは、よく通る声で魅力的に話す力が求められます。鏡を活用して練習してみてください。

明確な発音をするための発声練習

自分の口の動きを意識して話してみよう

打ち合わせや商談をしていて、聞き返されたり、確認されたりすることはありませんか？ 自分では、はっきり話しているつもりでも、つい早口になってしまったり、音が滑ってしまったりして、不明瞭な話し方になっていることがあります。

私たちは、あごや舌、唇、歯や口の開け方を調整することで、言葉を発します。それらを一連の動作として無意識に行っていますが、実は、同じ音を発音していても、人によって口の開け方や舌の位置が、微妙に異なるので発音も少しずつ違っています。

聞きやすい話し方をするために、自分の口の動きをチェックしながら、声を出してみましょう。鏡を見ながらするといいですね。

では、発音練習を始めましょう。

①　唇のチェック

「マ・ミ・ム・メ・モ」

と発音してみてください。

上唇と下唇がぴったりついていますか？ 歩き方や話し方は、意識しないと楽な方へ向かってしまいます。年齢を重ねると、特に発音が甘くなるのが、この上唇と下唇を合わせて出す音です。

同様に「バ・ビ・ブ・ベ・ボ」「パ・ピ・プ・ペ・ポ」も口の周りの筋肉（表情筋）が緩んでくると、だらしない音になってしまいます。

② 口の開け方のチェック

「お綾《あや》や　親《おや》に　お謝《あや》まりなさい」


「お綾や」が「おややや」になったり「お謝りなさい」が「おややまりなさい」になったりしていませんか？

日本語の母音「ア」は、口を縦に開けると明瞭な音になります。縦に開けるというのは、顎を引いて口を開ける感じです。これを意識しないでいると、「エ」の口で「ア」というようになってしまい、平たい口の形になって、こもった音になってしまいます。

③ 舌の動きのチェック

「アエ・アエ・アエ」

と言ってみましょう。

舌の動きはどうなっていますか？「エ」を発音するときは、舌が持ち上がり、少し前へ出るような感じになりますね。舌を必要以上に持ち上げたり、開いた唇から舌がはみ出しそうになる人がいますが、これでは力を入れすぎです。

「ラ・リ・ル・レ・ロ」と発音するとき、舌の先はどこにあたっていますか？上の前歯の歯茎の裏にあてると、きれいな音になります。あてる面積が大きくなったり、あてる位置がもう少し奥の方になると、ろれつが回らない感じに聞こえてしまいますよ。

最初の音はしっかり出そう

「らっしゃいませー」「りがとうございましたー」

コンビニエンスストアなどで、時々耳にする言葉です。お客様がいらしたら「いらっしゃいませ」、店を出るときには「ありがとうございました」というように訓練を受けているのでしょうが、数えきれない程口に出しているうちに、しだいに省エネふうな言い方になってしまうのです。

このようにおざなりになってしまうと、心がこもっているとはいえませんね。こういった手抜き言葉で話している人は、身近なところにもいるのではないでしょうか？

自分がそうならないために、口の開け方や舌の動き、唇の形を意識しながら、きれいに発音することが大事ですが、特に最初の音をしっかり出すように心掛けるといいですよ。

毎朝かわす挨拶「おはようございます」、これが「ハヨーゴザイマス」、あるいはもっと音を省いて、「ヨーゴザイマース」とならないように、最初の音「オ」を、はっきりと発音するようにしましょう。

「ありがとうございます」も、「リガトーゴザイマース」とならないように。また「アートーゴザイマス」という言い方も時々耳にします。最初の音「ア」は出ているのですが、「リ」を省いてしまうのですね。同じように「いらっしゃいませ」も、最初の「イ」の音を意識して出すようにするといいですよ。すべての音を省かずに丁寧に言うようにしましょう。一音一音を慈しみながら発音する感じです。

名前も同じように何度も口にするので、早口になってしまい、曖昧な発音になってしまう傾向があります。

たとえば「ニシモト」の「ニ」をはっきり発音しないと「イシモト」に間違われてしまうことがあります。「ワタナベ」も「タナベ」と間違われやすいので、「ワ」を意識して言うといいですよ。特に「ハ・ヒ・フ・ヘ・ホ」の音は聞き取りにくいので、冒頭にハ行が来る名前の場合は、息を少し強めに吐きながら言うといいでしょう。

会社名や自分の名前は、最初の音をゆっくりはっきり発音すると、丁寧な話し方になり、好感度も上がります。

こうしたことを踏まえて、

「いらっしゃいませ」
「ありがとうございます」
「よろしくおねがいします」

といった、よく使う言葉を練習してみましょう。話し方に対する意識が変わりますよ。

表現力をつける

説得力のある話し方をするために

ひと言で言ってみよう

新しく発売された掃除機について説明するとしましょう。

「この掃除機は、ご覧のようにコンパクトなので収納場所にも困らず、片手でスイスイ操作できます。しかも腰を曲げずにかけられるので、掃除が楽です。また、部屋の空気をきれいにします。排気するところに空気清浄装置がついているので、部屋の空気の洗浄効果が期待できます。さらに、おしゃれな花柄です。ポピー、桜、ひまわり、コスモスといったカラフルな花をちりばめた斬新なデザインも、今までにない掃除機の革命であると、自信を持っておすすめできるところです」

素晴らしい掃除機であることはわかりますが、このようにダラダラと説明してしまうと、インパクトに欠けてしまいます。あれもこれもと欲張ると、印象が薄くなってしまい、聞く人の心に残りません。

そんなときは、もっとも言いたいことを、ひと言で言う訓練をするといいでしょう。

「この掃除機は、部屋の空気をきれいにする掃除機です」

あるいは、「この掃除機は、カラフルな花模様が特長です」

このように、もっとも伝えたいことを、ひと言で言うとどうなるかと考えることによって、話のポイントを絞ることができます。それが、相手の心に訴えかける力となるのです。

たとえば、新商品の豆菓子のＰＲをする場合、何がポイントか、何を訴えたいか考えます。

「歯応え」だったら、

「この豆菓子は、今までにない心地よい歯応えが自慢です」

「味」だったら、

「この豆菓子は、なんと！ティラミス味が特長です」

このようにインパクトの強いコメントを言ったあと、説明を始めることをおすすめします。

話し手は、目的意識を持って話すことが大切です。話しているうちに、四方八方に話の枝葉が伸びてしまうと、収拾がつかなくなり、聞いている方も、いったい何を言いたいのかわからなくなってしまいます。

そこで、話をする前に、ひと言で言うとどうなるかを考える習慣をつけるといいでしょう。

見出しをつけてみよう

私の話し方教室では、授業のはじめに生徒さんに「近況報告」をしてもらいます。

「楽しかったこと」「びっくりしたこと」「おもしろかったこと」「感動したこと」「悔しかったこと」「悲しかったこと」などを２〜３分で話してもらうのです。ところが、話し始めると、いったい、いつになったら終わるのかとイライラしてしまう程長かったり、何を言いたいのかわからなかったりする人がいます。時系列的に話す癖がついているとその傾向が強くなります。

たとえば、

「高尾山に紅葉狩りに行ってきました。朝8時に家を出たのですが、電車はけっこう混んでいて、ずっと立ったままだったので、高尾の駅に着くまでに疲れてしまいました。ケーブルカーに乗ろうとしたら、切符を買う人の長い列ができていたので、諦めて歩いて登ることにしました。ところが、途中で雨が降ってきてしまい、雨宿りのためにコーヒーを飲もうとお店に入りました。しばらくゆっくりしていたら、雨が上がったのでお店を出て、頂上を目指しました。途中霧が出たのですが、頂上に着いた頃には晴れ間が広がりました。紅葉がとってもきれいでした。薬王院で精進料理を食べてから下山しました。ちょうど5時頃、家に帰ってきました。楽しかったです」

このように、家を出てから帰宅するまでを話してしまうと、メリハリがなく印象に残りません。では、どうすればいいのでしょう?

話す前に、見出しをつけることをおすすめします。

「高尾山の紅葉」と見出しをつけたなら、何時に家を出たとか、帰ったとか余分なことは言わないで、紅葉がいかに美しかったかを、ふくらませて話せばいいのです。

「黄金色に輝く中に、所々燃えるような赤い色が散りばめられていて、まさに錦を織りなしたような美しさでした」

「高尾山の精進料理」を見出しにするなら、

「高尾山へ行ったら、一度は食べたいと思っていた薬王院の精進料理を、念願かなって食べることができました。何といっても感激したのは、高尾山で採れた野草をてんぷらなどにしてくれることです。ほろ苦くて美味しかったです」

　このように、話す前に見出しをつければ、どこを伝えたいかがはっきりしてくるので話しやすいし、聞いている方も印象に残ります。

　ひと言で言ってみたり、見出しをつけてみたりすることで、話にメリハリがつき、相手に伝わる話し方ができるようになります。それが、説得力のある話し方になるのです。

早口言葉の練習

伝染病予防病院予防病室
伝染病予防法

「伝染病」だけだと言えると思いますが、「予防」がつくと言いづらいのではないでしょうか?「デンセンビョー」の「ビョー」の音に引きづられて「ヨボー」の「ボー」が「ヨビョー」にならにように気をつけてください。「ヨボー」の「ボー」の母音は「オ」だということを意識すると、言いやすくなります。

わかりやすい話し方をするために

センテンスは短い方がいい

この頃は、テレビでインタビューシーンが流れるたびに、発した言葉が文字になって画面に出てくるようになりました。声がこもってモゴモゴして聞き取りにくい話し方でも、言っている内容が文字になって表れるので、音量を大きくする必要がなくなり、耳の不自由な人でも理解しやすくなりました。その文字を読むと、話が上手か下手かすぐにわかってしまいます。自分の話していることを文字にしてみると、話し方の癖がわかります。

自分の話しているところを一度録音してみるといいでしょう。

自分では上手に話しているつもりでも、改めて聞いてみると、話があっちに行ったりこっちに行ったりして、案外支離滅裂だったり回りくどい話し方をしていると気づく人もいるはずです。

話している内容をそのまま文字にした場合、きちんとした文章になるように話すことは難しいのです。書くときには推敲を重ねますが、口から発せられた言葉には、消しゴムが効きません。ですから、頭の中で推敲して話すようにすることがコツです。

「受付には、このような苦情ボックスを設置していて、だれでも不満に思ったことをその場で書いて苦情ボックスに入れるようにしてあって、毎日箱の中を点検するようにし、苦情があったら改善するように努めてきたのですが、中には、応えられないような苦情や悪戯で書いたような物もあり困ってしまうときもありますが、そうやって地道にお客様の声を吸い上げていったら、先日、いつも気持ちよく利用している、ありがとうという感謝の言葉が書いてあったので、嬉しくなりました」

これは、よくあるダラダラとした「。」のない話し方で、私も以前、自分の話した録音テープを聞いて愕然としたことがあります。

「受付には、このような苦情ボックスを設置しています。だれでも不満に思ったことをその場で書いてこの箱に入れるようにしてあります。毎日、箱の中を点検するようにし、苦情があったら改善するように努めてきました。中には、応えられないような苦情や悪戯で書いたような物もあり困ってしまうときもあります。そうやって地道にお客様の声を吸い上げていったら、先日、いつも気持ちよく利用している、ありがとうという感謝の言葉が書いてあったので、嬉しくなりました」

このようにセンテンスを短くすると、話にテンポが生まれ、聞きやすくなります。助詞の「てにをは」の間違いを防ぐこともできます。主語と述語がわかりやすいので、聞いている方にもストンと落ちてくるのです。

短い文章を積み重ねるようにして話すことが、話の筋道からはずれず、説得力を持つ話し方になるのです。

情景描写で練習しよう

短い文章を積み重ねて話すのにおすすめの練習法は、情景をリポートすることです。目に入ったものを即座に言葉にしていく訓練です。

たとえば、ひとりで歩いているとき、街並みや歩いている人を描写してみましょう。

「きょうは雨が降っているため、商店街は閑散としています。前から女性が二人歩いてきます。厚手のコートを着ています。ひとりはビニール傘、もうひとりは花模様の傘です。今コンビニの前を通りました。ちょうどドアが開いて、おでんのおいしそうな匂いが漂ってきました。花屋さんが見えます。白いユリの花がいっぱい並んでいます。エプロンをした店員が見えます。水を使うから手が冷たいだろうな」

こんな感じで見たことを言葉にしながら歩いてみましょう。観察することで、たとえば、花屋さんには、もう春を告げる水仙の花が咲いていていたというような、いろいろな発見ができます。それが仕事のうえでも役に立つことがあります。

歩く情景描写に慣れてきたら、今度は電車に乗ったとき、窓から見える景色を次々に言葉にしていきましょう。電車は速度が速い分、難しいかもしれません。コツは、短いセンテンスを積み重ねていくことです。

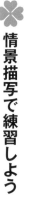

「今、○○駅を発車しました。踏切です。遮断機が降りています。自転車に乗った学生、大きな包みを抱えた女性がいます。田んぼが見えました。稲刈りが終わった田んぼが、ずっと広がっています。その向こうには山々が連なっています。山の頂は雪で真っ白です。田んぼの中を車が1台走って行きます……」

こんなふうに、目に映る物を描写していくのです。車に乗ったときも、運転者でない場合に、試してみるといいでしょう。

もちろん、声に出して言うと、変な目で見られてしまうので、声に出さずに言うのですが、夢中になると、つい声が出てしまうこともあります。

今でも私は、電車に乗ったら時々練習していますが、目に映る物が直ちに言葉として出てこなくて、「えーと」と、つかえてしまうことがあります。頭の体操にもなるので、試してみてください。

早口言葉の練習

そりゃ　そりゃ　そら　そりゃ

「外郎売《ういろううり》」の一説で、外郎を飲むと矢も楯もたまらなくなるくらい、口が回りだしてしまうということで、ここから延々と早口言葉が始まります。「そりゃ」だけの連続だったら言えるのに、1回「そら」が入ってくるだけで言いにくくなりますね。

「そら」の「ら」の母音「ア」を意識して言ってみてください。正しく発音できたら、2回、3回連続で言えるように練習してみましょう。

”オノマトペ“を上手に使いこなそう

日本語は”オノマトペ“が豊富

ずっと以前になりますが、ＮＨＫのラジオセンターで仕事をしていた頃、「つくば万博」が開催されました。私は、数日間泊まり込み、パビリオンやおすすめスポットを紹介したり、来場者にインタビューしたりする仕事をしていました。閉館時間になり、大勢がゲートから出ていく様子を中継したときのことです。

「今、おびただしい数の方々が、ゲートに向かってぞろぞろと歩いています」と、言いたかったのに、「ぞろぞろ」という言葉が思い浮かびませんでした。ぴったりくる言葉を探したのですが、自分の思いと言葉の回線がつながらなくて、私は咄嗟に、「ずらずら」と言ってしまったのです。

生中継の怖いところです。ミスマッチな表現をしてしまい深く反省しました。これは、今でも時々夢に出てくる失敗談です。

このように、状況や様子を表す言葉の種類はいろいろあります。

たとえば、雨が降ってきたとしましょう。どんな降り方をしているのかを表す言葉は、たくさんありますね。

「ざーざー」「ぽつぽつ」「しとしと」「ぴちゃぴちゃ」「ぽつりぽつり」「さーっ」

食感を表す言葉もいろいろとあるのではないでしょうか。

「もちもち」「しゃりしゃり」「さくさく」「つるつる」「とろとろ」「ふわふわ」「ねばねば」「しゃきしゃき」「ねとねと」「しっとり」「あつあつ」など、書いているだけで唾がわいてきます。

人の動きを表現する言葉もいろいろあります。

歩いている様子を表す言葉は、「てくてく」「さっさっ」「よろよろ」「すたすた」「ぺたぺた」「どすんどすん」

泣いている様子を表す言葉は、「くすんくすん」「しくしく」「わーわー」「びーびー」などがあり、同じ泣くという行為の微妙なニュアンスの違いを表しています。

このような表現を、**〝オノマトペ〟**と言います。これは擬声語という意味のフランス語で、〝ｏｎｏｍａｔｏｐｅｅ〟と書きます。

擬声語は、擬音語と擬態語のことです。擬音語というのは、物が発する音や声を表した言葉で「ニャーニャー」「ワンワン」「ゴトゴト」「バーン」などです。擬態語というのは、心境や状態など実際には音のしないものを表す言葉で「ニヤニヤ」「つんつん」「ヨロヨロ」「わくわく」などです。

ふだんあまり意識せずに、こうしたオノマトペを使ったり、あるいはよく耳にしたりしていると思います。

実は、日本語は、このオノマトペの種類が大変豊富な言語であると言われています。オノマトペを使わないで状態や心境を表すのは、かえって難しいのではないでしょうか？　このオノマトペを上手に使いこなすことが、ビジネスにも欠かせません。

説得力のある話し方に

オノマトペは、共通認識によってくくられています。

「問題がスラスラ解ける」というと、問題が次から次へとたやすく解ける様子を表現しています。他にも「問題がパッパッと解ける」という言い方もできますね。でも「問題がピューピュー解ける」とは、言いませんね。

独創的なオノマトペは、その表現の仕方が素晴らしいと説得力も増しますが、ミスマッチだと溝が深まってしまいます。

病院に行って、どんなふうに痛いのか聞かれたときに、「ピトピト痛い」と言ったら、医者も首を傾げてしまうでしょう。ですから、万人に受け入れてもらえるような表現が求められるのです。

アップル社の社長だった故スティーブ・ジョブズ氏は、プレゼンテーションの際、こうしたオノマトペを多用したそうです。英語にはオノマトペが少ないのですが、少ないオノマトペを効果的に使ったことで、人々の心をつかみ、説得力のあるスピーチをしたのです。

新製品を紹介するとき、「ボン！」とか「ブン！」という言葉を発し、これによって、聴衆の注意をひきつけ、興味を持ってもらうようにしたのです。

ですから、こうしたオノマトペをビジネスの世界にも上手に活かすことが求められます。

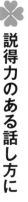

新製品のドレッシングの美味しさを表すなら、

「見た感じはトローッとしていますが、実際に味わってみると、サラッとしていてさっぱりしています。シャキシャキとした歯ごたえは、玉ねぎです。さまざまな素材の美味しさが、ジュワーッと口の中に広がります。どんな野菜ともしっとり絡まり、生野菜は苦手だという方にも、どんどん召し上がっていただけます」。

ゴマのふりかけなら、

「袋を開けると、フワッとゴマの香りが広がります。ご飯にかけて食べると、プチップチッという歯ざわりがして、ご飯が進みます」

プチップチッと表現したことで、食感の想像力を刺激するのです。

コマーシャルには、このオノマトペが欠かせません。

このように、気持ちや状態を表す言葉、オノマトペを味方につければ、ビジネスの可能性は広がっていきます。そのシーンに合ったオノマトペをじっくりと吟味して使いこなすことで、ビジネスの世界もグーンとパワーアップすることができますよ。

早口言葉の練習

京の生鱈《なまだら》　奈良生《なま》まながつお
ちょと四五貫目

これも「外郎売」の中の早口言葉です。「奈良」の「生」の「まながつお」、これを続けて「ナラナマママナガツオ」と滑らかに言えるように練習しましょう。

会話マナーで好感度アップ！

はじめが肝心

お迎えは気持ちよく

取引先や顧客が、打ち合わせなどであなたを訪ねて来社するときは、どんなことに気をつけたらいいのでしょうか？

わざわざ来社するわけですから、気持ちよく迎えましょう。

「お忙しい中お越しくださいまして、ありがとうございます」

「きょうは、ご足労いただきまして、ありがとうございます」

このとき、ペコペコと何回もお辞儀をするのではなく、言い終わった後、深く一礼したほうが、落ち着いた印象を与え、心のこもった挨拶になります。

打ち合わせをする部屋に案内するときは、自分が先頭に立って歩きますが、お客さまに背中を向けるのではなく、半ば体を開くようにして、つねに後ろを気遣って歩くようにしましょう。このとき、早足にならないように気をつけてください。

以前、私が訪問した先で、案内してくださった男性が、私に背を向けてどんどん歩いて行ってしまうので、私は小走りに必死でついて行ったことがありました。

そういうことを防ぐためにも、案内しながら「車でいらしたのですか？」とか「駅からここまで、お送りした地図でおわかりになりましたか？」などと声をかけるといいでしょう。お客様の歩くペースをつかむことにもなります。

エレベーターに乗るとき、お客様の人数が多いときは、先に乗り込んで「開」ボタンを押しますが、2〜3人の場合は、外から「開」ボタンを押して先に乗っていただくとよいでしょう。

操作盤の前に立ち、お客様に背を向けないようにして、「8階で降ります」と、伝えておくことをおすすめします。エレベーターが混んでいる場合など、他の方たちに、降りる階を知らせることにもなりますし、お客様が大勢の場合などは、慌てて降りることを防いでくれます。降りる場合は、「開」ボタンを押し、お客様が降りてから自分が降りるのがマナーです。

部屋に着いたら、ドアを開けて「どうぞお入りください」と、促して入っていただきましょう。コートなどを着ていたら、受け取ってハンガーにかけてさしあげますが、遠慮されるときは、コートかけの場所やコートを置く場所を教えてさしあげるといいでしょう。

雨が降っていたら、「お足元の悪い中お越しくださいまして、ありがとうございます」というひと言も忘れずに。

ひと息ついたら、「どうぞおかけください」と、イスやソファに座るようにすすめましょう。

鞄や大きな荷物がある場合は、それらを置くスペースにも気を配りましょう。

自分が相手を訪ねて行ったときに、どのようにお迎えしていただいたら嬉しいかということを考えれば、自ずと気持ちのいいお迎えができると思います。

事前に約束をしているのですから、待たせないように仕事の調整をすることはもちろんですし、資料なども用意しておくようにしましょう。気持ちよく迎えることが、仕事をうまく運ぶ力になるのです。

返事は気持ちよく

取引先や顧客から、注文を受けたり要望を言われたりしたとき、あなたはどう答えますか？

ただ頷くだけという人はいないでしょう。「はい」と声に出して応えると思います。そのとき、相手の顔を見て、相手に聞こえるように、そして感じよく返事をすることが、ビジネスチャンスを広げます。

「はい」だけではなく、「はい、わかりました」というひと言をつけるといいですね。「わかりました」より「承りました」のほうが、依頼内容をしっかり了解したという気持ちを表した言い方になります。

さらに、私が感じがいいなと思ったのは、「かしこまりました」という返事です。日常生活ではあまり使わない言葉ですが、仕事をするうえでは、この「かしこまりました」という返事を覚えておくといいでしょう。

以前、レストランでステーキを注文した際、焼き加減を尋ねられ、ミディアムでお願いしたところ、「かしこまりました」という返事が返ってきて、心地よく感じたことがありました。それほど高級ではないレストランでも、「かしこまりました」という言葉が自然に返ってくると、その店のステイタスにもなり、信頼感につながります。

言い慣れないと、ぎこちない感じがするかもしれませんが、言葉は使うことによって、自然と身につきます。「はい、かしこまりました」と、相手に聞こえるように、感じよく、はっきりと返事をすることが大切です。

もし、意に沿えないときは、

「申し訳ございません。おっしゃることはよくわかりましたが、今回はどうしてもご要望にお応えできません。せっかくお越しいただきましたのに、本当に申し訳ありません。次回は、ご期待に沿えるようにがんばります」

というように、相手との仕事の糸を繋いでおくことも忘れずに。

社内の人に仕事を頼まれた場合でも、相手の顔も見ないで返事をすると、「イヤイヤながら引き受けたのかな？」と思われてしまいます。また、「はい、はい」と「はい」を二度言うのも「わかりましたよ。やればいいのでしょう」という感じがして、よくありません。

相手の顔を見て、気持ち良く返事をする積み重ねが、あなたの信頼を高め、存在感を確かなものにしてくれるのです。

早口言葉の練習

除雪車除雪作業中
魔術師魔術修行中

「除雪車」の次にまた「除雪」がくると発音するのが難しいのではないでしょうか？「ジョセツ」が「ジョシェチュ」にならないように、「ツ」の音を意識して発音してみてください。

同じように「魔術師」も「マジュツシ」の「ツ」の音をしっかり発音するように心掛けて練習してみてください。

信頼関係を築くための言葉づかい

曖昧な表現に注意しよう

好感度の高い話し方ができるようになると、人間関係がうまくいき、仕事がはかどります。ちょっとした心づかいで、感じのいい話し方になったり、逆に印象を悪くしたりしてしまいます。今回は、言葉づかいのチェックをしてみましょう。

喫茶店に入り、「何にしますか（なさいますか）？」と相手に尋ねたとき、「コーヒーでいいです」と言われたら、あまりいい気分はしません。

本当は他のものがいいのだけれど、コーヒーで我慢しますというニュアンスがあるからです。

こういうときは、「コーヒーにしてください」と、はっきり言う方が好感度がアップします。

ファミリーレストランなどで、よく耳にする気になる言葉づかいがあります。

「いらっしゃいませ。メニューのほう、お持ちしました」

コーヒーとオムライスを注文すると、「注文を確認させていただきます。コーヒーとオムライスでよろしかったですか？」

やがて、注文した物をテーブルまで運んでくれると、「オムライスになります」「コーヒーのほう、お持ちしました」

みなさんはこの言い方が気になりませんか?

私は、三点気になります。

まず「メニューのほう、お持ちしました」という言い方です。

「メニューをお持ちしました」でいいのに、「のほう」を入れることで、柔らかいニュアンスを出しているのかもしれませんが、正しい日本語ではありません。

「コートのほう、お掛けしておきました」「コピーのほう、終わりました」「打ち合わせのほう、終わりました」

こんな言い方をしている人は改めましょう。

次に気になるのは、「よろしかったですか?」という確認の仕方です。注文を聞いてから、ある程度時間の経過があって注文を確かめるのならいいのですが、注文を聞いたその場で過去形で言うのはおかしいですね。

「コーヒーとオムライスですね」「コーヒーとオムライスでよろしいですね」

このように言うべきでしょう。

もっとも気になるのは、「オムライスになります」という言い方です。目の前にあるのはオムライスなのに、これがどう変身してオムライスになるの!? と、詰問してみたくなります。

「オムライスです」「オムライスをお持ちしました」

と言ったほうが、素直で気持ちがいいのに、あえてぼかした曖昧な言い方をするのはなぜでしょう?

日本人は、奥ゆかしさから曖昧な表現を好むと言われます。この曖昧な表現というのは、あくまでも相手を気遣ううえで生まれた言い方です。それを勘違いしてビジネスシーンで使うと、相手に頼りない印象を与え信用を得ることができなくなることもあるので、注意が必要です。

耳障りな口癖に注意！

「私って、生卵、苦手じゃないですか」

「僕って、ひとりっ子じゃないですか」

「私って、マンション暮らしじゃないですか」

「私って〜じゃないですか」という言い方は、お互いの間で暗黙の了解、そのことを知っていることを前提とした言い方ですが、言われた方にしてみると、違和感を覚えます。

「私って生卵が苦手じゃないですか」と言われると、「あら、そうなの。初めて聞いたわ。どうして嫌いなの？」と、相手の言いたいことを遮って尋ねてみたくなってしまいます。

親しい間柄なら大目にみてくれるかもしれませんが、正しい言葉づかいではありませんし、感じのいい言葉づかいでもありません。ましてビジネスシーンでは禁句です。口癖になっていると、つい「我が社って、上場しているじゃないですか」と言ってしまうこともあるのでご用心。

会議で司会や発表をするときにも、つい使ってしまう言葉があります。

「ただ今より始めたいと思います」

「ここで、ご意見をうかがいたいと思います」

「資料をご覧いただきたいと思います」

「〜したいと思います」という言い方は、便利なのでつい使ってしまいがちですが、発言者が「思ってばかり」いると耳障りです。

また、語尾を上げたり、変に伸ばしたりする癖は、若い女性に多いようです。

「そんなわけでぇ、わたしはぁ　こちらのほうがぁ　いいと思うのですがぁ…」

こんな話し方をされると、イライラしてしまいます。だれでもその人なりの話し方の癖はありますが、それが仕事の足を引っ張っていることもあるのです。

家族や親しい友人の口癖は、自然に移ってしまうものです。おもしろがって真似しているうちに、いつの間にか同じような癖がついてしまいます。気のおけない仲間内での会話ならいいのですが、仕事のうえでは、正しい言葉づかいと感じの良い話し方を目指しましょう。それが信用にもつながるからです。

まずは、自分の話し方を点検してみましょう。耳障りな口癖があったら、直すように努力してください。

早口言葉の練習

高校生が　交響曲のなかの
第５交響曲を演奏した

「高校生」は言えると思いますが、「交響曲」は難しいですね。「第５」がつくとさらに難しいのではないでしょうか？「コーキョーキョク」の「コー」の母音は「オ」ですから、舌を上顎につけずに下げて、口をすぼめるような感じになります。「キョー」の母音も「オ」ですが、いったん舌の付け根の方を上顎に押しつけるようにして出すことがポイントです。「曲」の「キョ」の音も同じです。どうしても言えないときは、「第５」と「交響曲」の間を少し開けて言ってみるといいでしょう。

感謝の気持ちは素直に伝えよう

「すみません」より「ありがとう」

あなたの職場で、出張した人が出張先の銘菓をお土産に買ってきて配ったとき、あなたはどう言いますか?

「ありがとうございます」と言うのならいいのですが、「すみません」と言う人もいるのではありませんか?

落とした物を拾ってもらったとき、「あ、すみません」という人をよく見かけます。私も、先日手すりに傘をかけたまま電車を降りようとして、気づいた人が傘を差し出してくださいました。思わず「あ、すみません」と言った後、あわててドアが閉まると同時に「ありがとうございます」と言いました。「すみません」より「ありがとう」というべきだと感じたからです。

ここで、「すみません」という言葉について考えてみましょう。

「すみません」というのは便利な言葉です。ビジネスでも日常生活でも幅広く使われています。動詞「すむ」の連用形に、丁寧の助動詞「ます」の未然形、それに打消しの助動詞がついたもので、「すまない」を丁寧に言った言葉です。

「お約束の時間に遅れてしまって、すみません」と相手に謝罪したり、「お祝いをいただいて、すみませんでした」と感謝したり、「すみませんが、伝言をお願いします」と依頼するときなどに使います。

このように出番の多い言葉ですが、感謝の気持ちを表すには、「すみません」より「ありがとう」を使った方が、素直に感謝の気持ちが伝わると思います。

エレベータを降りるとき、ドアが閉まらないようにボタンを押してくれたら、「すみません」より「ありがとうございます」と言った方が、言われた方も嬉しいものです。「ありがとう」と言われたら、どんな人でも「喜んでもらえて、こちらも嬉しい」と、感じるからです。

ですから、感謝の気持ちを表すときには、「すみません」ではなく、「ありがとうございます」を使うことをおすすめします。なにより「ありがとう」という言葉には、笑顔もついてきますから。

また、何かを頼んだり依頼したりするときも、「すみません」だけではなく、「恐れ入ります」という言葉もあることをお忘れなく。

「恐れ入りますが、もうしばらくお待ちいただけますでしょうか?」

「恐れ入りますが」と言った方が、「申し訳ない」という気持ちが、さらに相手に伝わるような気がします。

2回目の「ありがとう」も忘れずに

「ありがとう」という感謝の気持ちは、すぐにその場で伝えることが大事です。心で思っているだけでは伝わりません。

さらに上手な「ありがとう」の伝え方は、その場でだけでなく、またあらためて感謝の気持ちを伝えることです。

たとえば、あなたが後輩二人に食事をご馳走したとします。

その場では、二人とも「ごちそうさまでした」「ありがとうございます」と、お礼を言うでしょう。

翌朝、職場で顔を合わせたときに、一人の後輩は挨拶しただけなのに、もう一方は「おはようございます。昨日は、ごちそうになりまして、ありがとうございました」と、重ねてお礼を言ってきたら、あなたはどう感じますか？

2回目の「ありがとう」を言ってくれた後輩に、自然と好印象を抱くのではないでしょうか？「また機会があったらごちそうしてあげよう」と、思うかもしれません。この2回目の「ありがとう」を言うことを心掛けることが大切なのです。

「先日はお世話になりまして、ありがとうございました。おかげさまで楽しいひとときでした」

「昨日は本当にありがとうございました。感謝の気持ちでいっぱいです」

あらためてお礼を言うことで、あなたの好感度はアップするのです。もし、しばらく顔を合わせる機会がなかったら、お礼状を書きましょう。葉書一枚で2回目の「ありがとう」を伝えることにより、ビジネスチャンスを引き寄せるのです。

これはビジネスだけに限りません。先日、友人が柚子でジャムを作って持ってきてくれました。かわいい瓶に「柚子ジャム」と書いたラベルを貼って、セロハン紙でくるんでリボンをかけてプレゼントしてくれました。私が喜んだのは言うまでもありません。

数日後、その友人に偶然会ったとき、開口一番にジャムのお礼を言いました。

「柚子の香りが広がってとっても美味しかった。ありがとう」

すると、彼女は、「そんなに喜んでもらえて、作り甲斐があるわ。また作るね」と、言ってくれました。ジャムをあげても、美味しかったのかどうか、食べたのかどうかもわからない人もいて、そういう人には二つめのジャムはないと、彼女は言っていました。

「ありがたい」と感謝する気持ちがなければ、人間関係はうまくいきません。家族だって、コーヒーをいれてもらったら、「ありがとう」のひと言を言いましょう。

感謝の言葉を素直に伝えることが、温かい人間関係を築き、あなたの暮らしや仕事をイキイキとしたものにしてくれますよ。

早口言葉の練習

スモモも桃も桃のうち
桃もスモモも桃のうち

「マミムメモ」という音は、上唇と下唇を合わせることによって発音します。日頃から唇をしっかり動かそうと意識しないと、発音が甘くなってしまう音です。「モ」は、「ム」より口を縦に開けます。こもりやすい音なので、声を前に出すように心掛けて練習してください。

心地よい日本語を心掛けよう

日本語の足し算引き算

ある団体の責任者から、話し方教室の講師をしてほしいという電話がありました。

「最近の若者は、声が小さくて何を言いたいのかわからないし、間違った言葉づかいでお客様に接しているのを見ると心配になる。電話の応対も悪く、お客様からのクレームも増えているので指導してほしい」と言うのです。

年配の男性でしたが、幾分緊張しているようで、言葉を慎重に選んで話している様子が手に取るようにわかりました。

私が快諾すると、声のトーンが明るくなり、滑らかな口調になり、ふだんの話し方に戻ったような気がしました。

「よかったです。村松先生の本を読まさせていただいて、『なるほど!』と思うところがたくさんあったので、そういうことを話してもらいたくて。詳しいことは、こちらから送らさせていただきます。」

電話を切った後、この男性も間違った言葉づかいをしていることに気がつかないのだと思いました。

みなさんは、お気づきになりましたか?

「読まさせて」と「送らさせて」という言い方が間違っていますね。「読ませて」「送らせて」が正しい言い方です。何かを「させていただく」というときに、「さ」を入れると、謙虚な姿勢をより強く表現できるような気がするのでしょうが、これは間違った使い方です。このような言い方を、「ら抜き言葉」と同様に「さ入れ言葉」と言います。

身の回りの会話を注意深く聞いていると、意外に「さ入れ言葉」を使っている人が多いので、驚かされます。


「ここに置かさせていただいてよろしいでしょうか？」

「これは省かさせていただきます」

「こちらで待たさせていただきます」

「始めから聞かさせていただけませんか？」……。


何度も耳にすると、「あれっ、正しい言い方だっけ？」と、不安になってしまいますが、それぞれ「さ」をとると正しい日本語になります。


「置かせていただく」

「省かせていただく」

「待たせていただく」

「聞かせていただく」


ですね。

では、次の言い方はいかがでしょうか？

「このジュース、飲めれるよね？」

飲むことが可能かどうか尋ねているのですが、「飲めれる」はもちろん間違いで、「飲める」が正しい言い方です。「飲める」という可能の動詞に、さらに「れ」を足したもので、これを「れ足す言葉」とか「れ足し言葉」と呼んでいます。

「行ける」を「行けれる」、「読める」を「読めれる」、「開《あ》ける」を「開けれる」、「書ける」を「書けれる」といった具合に。この「れ足す言葉」は、「食べられる」を「食べれる」と言ったり、「見られる」を「見れる」といった、「ら」を抜く「ら抜き言葉」とは逆の現象ですね。

言葉は世につれ　世は言葉につれ

「現代は、言葉が乱れていてけしからん！」と、思う方もいらっしゃるでしょう。でも、これは今に限ったことではありません。

たとえば、「全然」という言葉。「全然」は、本来「全然～ない」というように否定形で使われるのに、近頃は「全然大丈夫」というように、肯定系で使う人が増えてきました。「全然眠れた」というと「よく眠れた」という意味になります。そういう使い方は間違っているという意見があります。私もそう思いました。

ところが、夏目漱石の「坊ちゃん」で、布団にバッタを入れられたことに怒る坊ちゃんのセリフに次のような言葉があります。

「一体生徒が全然悪るいです。どうしても詫まらせなくっちゃ、癖になります」

文豪が書いたからという訳ではなく、かつては、「全然」は「とても」とか「非常に」という意味で使われていたのですね。

戦前までは、肯定でも否定でも使われていたのに、戦後、いつの間にか否定形で使う人が増えたために、これが定着したのです。それが、グルメ番組で「これ、全然おいしい！」というように、「とってもおいしい！」をもっと強調した形で使うようになり、市民権を得たのです。

このように、日本語はたえず揺れ動いているのです。「正しい使い方」というより、その使い方をする人が増えると、その言葉が定着してしまうのです。

つまり、私たちが、言葉の鍵を握っているのです。

50代の友人は、「ケーキは別腹、まだ食べれるよ」と、わざと言うそうです。言葉の揺れは若者から始まるので、「ら抜き言葉」を使うと実年齢より若く見られるからだと言っていました。

その通り、言葉の揺れは若者から起こります。それを「言葉の乱れ」と言って正そうとするのは、新しい言葉づかいに対する抵抗と言えますが、その言葉づかいがその時代にマッチしていると生き残っていくのです。言葉はたえず進化していると言えますね。でも、社会人として仕事をするうえで、「ら抜き言葉」や「さ入れ言葉」「れ足す言葉」を使っていると、「この人に任せて大丈夫かな？」と、不信を抱かせることにもつながります。

公私を使い分けているから大丈夫と過信してはいけません。咄嗟のときに、ついふだんの癖は出てしまいます。正しい日本語、心地よい日本語を心掛けることも、ビジネスには有効な武器なのです。

曖昧な表現は避けよう

人によって尺度は違う

先日、仕事先から「明日、朝イチでご説明にあがります」とメールがありました。私にとって「朝イチ」は、9時頃ですが、先方にとっては8時だったらどうしようと悩みました。そこで、「朝イチ」というのは何時のことかとメールしたら、「10時」と返ってきました。10時なら大丈夫だからＯＫと返事をしましたが、9時だと微妙です。

そもそもフレックスタイムが導入されて、始業時間もまちまちですし、職種によっても「朝イチ」の時間は異なります。先方としては、誠意を表すために「朝イチ」を使ったのでしょうが、これは私を重んじているどころか、軽んじているように感じられました。

かく言う私も、以前、指摘されたことがあります。「今日中に仕上げていただきたい」と言ったら、「今日中というのは、23時59分か、それとも終業時刻の18時か」と。私は、明日の朝までに仕上げてほしかったのですが、「明日の朝」というのも何時を指すのか曖昧ですね。

問い合わせの電話をしたときに、「ちょっとお待ちいただけますか?」あるいは、「少々お待ちください」と言われたことがあるでしょう。便利な言葉ですが、「ちょっと」や「少々」も人によって長さの認識が異なります。我慢の限界は人それぞれです。

「ちょっと」や「少々」にも注意が必要です。「2～3分お待ちいただけますか？」と言えば、心の準備ができますし、時間がかかりそうだと思ったら、「お時間がかかることもありますので、こちらからお電話を差し上げます」と言ってくれたほうが親切です。

ビジネスの世界では、こうした曖昧な表現は誤解のもとです。特に時間に関わる表現には注意を払いましょう。

「今週中にお願いします」という場合の「今週」とは、「金曜日の18時」なのか、「土曜日の23時59分」なのか…。時間や締め切りなどは、はっきり告げれば、相手が悩まなくて済みます。

時間だけではありません。たとえば、「リンゴをたくさん頂戴して、ありがとうございました」と言った場合、「たくさんのリンゴ」は、「5～6個」なのか、「10個以上」なのか、はたまた「1箱」なのか、捉え方はさまざまです。もちろん、リンゴをいただいたお礼を言う場合、正確に数える必要はありません。人によって捉え方の尺度はさまざまだというたとえです。

「コストは2，000万円かかると思われます」という場合の、「思われます」という言い方も曖昧で無責任な印象を与えます。「コストは2，000万円かかる見込みです」と言い切ったほうが信頼感が生まれます。

「たぶん」「おそらく」「～と思われます」「～と考えられます」「～のはずです」という言い方は、自信がないような印象を与え、無責任に思われてしまいます。こうした言葉は使わないようにしましょう。

正確な表現とは⁉

自分でははっきり言ったつもりでも、曖昧な表現になってしまうこともあります。

以前、ラジオの中継で、「説明会は講堂で行われ、午後1時からの説明会には、およそ200人が参加しました」と、言ったことがありました。中継が終わった後、番組のデスクに「説明会が1回だったら、この表現でいいけれど、2回以上あったとしたら、午後1時の前に『このうち』と付け足した方がいい」と指摘されました。たしかに説明会は2回ありましたので、私の言い方は正確ではなかったと反省しました。正確に言うのなら、「説明会は2回行われ、このうち午後1時からの説明会には、およそ200人が参加しました」と言うべきでした。

また、「毎年異なるコスチュームで繰り広げられるダンスの会が開かれています」と言った場合、「毎年」は「異なるコスチューム」にかかるのか、「開かれています」にかかるのかが曖昧です。どこに読点を打って話すかによって、意味は変わってくるのです。自分では正確に言ったつもりでも、曖昧な表現になってしまうことがあるのです。

さらにややこしいのが、二重否定の表現です。「価格を下げていただければ、取引に応じないわけでもありません」。この「応じないわけでもありません」という二重否定は、どう捉えたらいいのでしょうか？　価格を下げれば取引に応じてくれるのか、価格を下げても応じてもらえないのかがはっきりしません。「価格を下げていただければ、取引に応じます」と言えばすっきりするのに、わざわざ二重否定するのには、微妙なニュアンスがみて取れます。

「いい加減」という言葉は、みなさんはどう捉えていますか？

「塩加減は、これでちょうどいい加減」という肯定的な表現と、「ちゃらんぽらん」という否定的な言い方があります。これは、はっきり区別して使った方がいいですね。同じように、「結構です」という言い方も「OK」なのか「NO」なのか、はっきりする必要がありますね。

日本語には、曖昧に言うことを重んじる側面もあります。日本語の曖昧さは、一つの文化であり、相手を思いやる心づかいで大事にしたいと思いますが、その一方で、誤解を招く言い方は、ビジネスの世界では避けるべきです。言いたいことを相手にしっかり伝えることは、話し手のマナーなのです。

早口言葉の練習

その数珠は　増上寺の　僧正の数珠

「ジュズ」「ゾージョージ」「ソージョー」「ジュズ」という似た音が続く言葉は発音しにくいですね。前の言葉の音に引きずられてしまうので、曖昧な音になってしまうのです。「ジュズ」の音に引っ張られて、「ゾージョージ」が「ジョージョージ」にならないように、口の形、舌の位置、顎などの動きの微妙な違いを意識して発音してみましょう。表現だけでなく、発音も曖昧にならないように！

正しい敬語を再確認

敬語はビジネスの必須アイテム

敬語の分類

「ああ、そうなんだ。よくがんばったね！　偉かったね～」

これは、母が病院で診察を受けたときに看護師さんからかけられた言葉です。まるで、幼児に対して話しかけているような感じがして違和感を覚えました。

親しみを表わしたり、緊張感を和らげたりするために使ったのかもしれませんが、彼女はどうみても20代から30代前半です。せめて、「よくがんばりましたね。偉かったですね」というように、丁寧語を使ったらいいのにと思いました。

日本語は、相手と向き合ったとき、瞬時に自分と相手のどちらが目上か、あるいは年上かを判断して、言葉づかいに気を配らなければなりません。そのような相手を敬う心から生まれた言葉が「敬語」です。

敬語は苦手という方もいらっしゃるでしょう。でも、とくに新入社員にとっては、敬語は必須アイテムです。

敬語は、長く「尊敬語」「謙譲語」「丁寧語」の三つに分類されていましたが、２００７年２月に文化審議会から答申された「敬語の指針」で、「謙譲語」が2種類になり、新たに「美化語」が加わり、五つに分類されています。

「尊敬語」は、話の対象となっている人や話している相手の行為を高めて敬意を表す言い方です。

「言　う」⬇「おっしゃる」
「来　る」⬇「いらっしゃる」
「食べる」⬇「召し上がる」

「謙譲語Ⅰ」は、自分や身内のことをへりくだった言い方をして、相手をたてる言い方です。言い換え型と付け足し型があります。

「会　う」⬇「お目にかかる」　　「伝える」　⬇「お伝えする」
「あげる」⬇「さしあげる」　　「相談する」⬇「ご相談する」
「食べる」⬇「いただく」　　　「見　る」　⬇「お見せいただく」

「謙譲語Ⅱ」として新たに「丁重語」を設けています。「謙譲語Ⅰ」が話題の人や物に敬意を払うのに対して、「丁重語」は、話している相手や手紙を読んでいる相手に対して、直接、敬意を表わすものです。「丁寧語」の「です」「ます」といっしょに使います。

「行　く」⬇「参　る」⬇「参ります」
「言　う」⬇「申　す」⬇「申します」
「す　る」⬇「いたす」⬇「いたします」

この中で「申す」の使い方を勘違いして使っている人を、時々みかけます。「お客様が申されましたように…」という言い方を聞いたことはありませんか？

「申されました」というと、一見尊敬の念があるように感じますが、「申す」は謙譲語で自分に対して使う言い方ですから、これに尊敬の助動詞「れる」をつけても尊敬語にはなりません。「お客様がおっしゃいましたように」という言い方が、正しい使い方です。

「丁寧語」は、丁寧な言い方をすることで相手への敬意を表わします。

「～です」「～ます」「でございます」

「美化語」は、「お」や「ご」をつける、上品な言い方です。

「お酒」「お料理」「お惣菜」「お布団」
「ご飯」「ご祝儀」「ご挨拶」「ご機嫌」

「ビール」や「トイレ」に「お」をつけて言う方もいますが、「おビール」「おトイレ」などの外来語にはなじまないような気がします。

また、新幹線の車内アナウンスで「お煙草は…」という言い方を耳にしますが、「煙草」に「お」はつけなくてもいいと思うのですが、みなさまはどうお考えでしょうか？

敬語の使い方は難しく失敗はつきものです。大事なことは、自分がうまく言えなかったシーンを覚えておくことです。後でじっくり考えて、適切な表現を身につけ、二度と同じ過ちをしないことです。

相手を不快にしないためにも、敬語をしっかり使いこなせるように心がけましょう。

早口言葉の練習

かえるぴょこぴょこ　三《み》ぴょこぴょこ
あわせてぴょこぴょこ　六《む》ぴょこぴょこ

「ぴょこぴょこ」は言えても、「みぴょこぴょこ」「むぴょこぴょこ」は難しいのではないでしょうか？　はじめは「ミ」の音を少し長めに「ミーぴょこぴょこ」と発音してもいいですよ。言えるようになったら、「みぴょこぴょこ」と、流暢に言えるように練習してみてください。

敬語は正しく、程よく使いましょう

申されました

ある会議で、部長の提案に若手の社員が発言しました。

「いま、部長が申されましたように、私もその提案には賛成です」

この「申されました」という表現は一見敬語のようですが、実は間違った使い方なのです。「申す」という言葉は謙譲語です。へりくだった表現で、相手を敬う気持ちを表しています。つまり「申す」という言葉は、自分や自分の側にいる人にだけ使います。いくら尊敬の念を込めた「された」という言葉を足しても、相手を敬う言い方にはなりません。

正しい言い方はどうかというと、「言う」の尊敬語は「おっしゃる」ですから、「いま、部長がおっしゃいましたように、私もその提案には賛成です」と、なります。

では、「言われました」という言い方はどうでしょうか？

「いま、部長が言われましたように、私もその提案には賛成です」

これは、正しい言い方です。

でも「言われました」という言い方は、受け身の意味でも使われるので、まぎらわしいですね。この場合も「おっしゃる」を使う方がいいでしょう。

もう一つ、よく耳にする言い方があります。


「○○様は、全国各地でご講演され、ご活躍なさっております」


この「おります」がくせ者です。

「おる」の丁寧な言い方ですが、実は謙譲語です。「元気にしております」「無事に過ごしております」などと言うように、自分や自分の側をへりくだって表現するときに使います。ですから、敬うべき相手に使ったら間違いで失礼にあたります。


「○○様は、全国各地でご講演され、ご活躍なさっていらっしゃいます」


と言うべきですね。

では、「おられます」は、いかがでしょうか?

「ご活躍なさっておられます」「おります」よりは丁寧な言い方のように思いますが、謙譲語の「おります」に尊敬の助動詞「れる」をつけたものなので、矛盾した言い方です。

これもなるべく使わないほうがいいでしょう。なるべく、と言ったのは地方によっては尊敬の念を込めた言葉として市民権を得ているところがあるからです。

過度の敬語は慇懃無礼と思われてしまうこともありますので注意しましょう。

「○○様は、大変ご多忙のなか、各地の農業団体をご視察なされまして、ネットワーク作りにご尽力くださっていらっしゃいます。その合間に多くの本をご執筆なさっていらっしゃいます。今や農業経営のカリスマ的存在にあらせられます」

敬語も〝過ぎたるは及ばざるが如し〟。「あらせられます」という言い方は、あまりにも仰々しくて、かえって陳腐に感じてしまいます。正しい敬語を、程よく使うことがコツですね。

読まさせていただきます

「このエッセイ、読まさせていただきます」

「次の議題に移らさせていただきます」

「入らさせていただいて、よろしいでしょうか?」

「聞かさせていただきます」


最近よく耳にするこれらの言葉、みなさんは気になりませんか?自分をへりくだる気持ちが強すぎて、このような表現になってしまったのかもしれませんが、間違った言葉づかいです。「さ」を取ってしまえば、耳触りでなくなります。


「このエッセイ、読ませていただきます」

「次の議題に移らせていただきます」

「入らせていただいて、よろしいでしょうか?」

「聞かせていただきます」

これが、正しい言い方ですね。

このように、「さ」を入れて自分をへりくだった言い方を強調することを、「さ入れ言葉」というそうです。

関西にお住まいの方たちは、日常的に使っているということを聞いたことがありますが、「さ入れ言葉」を使う人が増えれば、やがて市民権を得てしまうのかもしれません。

謙譲語も、程よく使うことがコツです。たとえば、「させていただく」という言い方も、使いすぎるとうるさく感じることもあります。

ある会で、

「いつも司会をさせていただいています○○と申します」

「ここで、乾杯をさせていただきます」

「では、ご披露させていただきます」

いちいち謙譲語を使わなくてもいいのではないかと思いますが、みなさまはどうお考えでしょうか？

電車に乗っていても気になるアナウンスがあります。

「扉を閉めさせていただきます。閉まる扉にご注意ください」

お客様は神様だから、電車のドアを閉めるときも「閉めさせていただきます」という言い方になるのかもしれません。

「扉を閉めます。ご注意ください」で、充分ではないでしょうか？

ビジネスに敬語は必須です。失敗して恥ずかしい思いをすることも、敬語習得には欠かせません。

間違った使い方をしたかなと気になったら、その言葉を覚えておき、後で正しい使い方を調べて同じ過ちをしないようにすればいいのです。

敬語のセンスを磨きましょう

こんな間違いしていませんか？

以前、パソコン売り場で販売員が年配のお客さんにｉＰａｄの説明をしていました。
「これが、ｉＰａｄです。みなさまもこのようなｉＰａｄにお目にかかったことがあるかと思います。」

この言葉づかいに耳を疑いました。大勢を前に緊張しているのかと思ったら、何度も「ｉＰａｄにお目にかかったことが」と言っています。敬語の使い方を間違えているのだと思い、苦笑してしまいました。

お客様を相手にする営業職の人にとっては、絶対にしてはいけない間違いですね。敬語は、「だれを立てるか」「だれを敬っているか」という視点で考えれば間違うことはありません。この場合、「お目にかかる」という言葉は、「ｉＰａｄ」に対して敬意を表しているので、お客様を下に見ていることになってしまいます。「ｉＰａｄをご覧になったことがあるかと思います」が、正しい言い方ですね。

このように、「物」に対して敬語は使いません。ところが、ファミリーレストランなどで、注文した料理がすべて運ばれてきたか確認する際に、「ご注文の品は、お揃いになりましたでしょうか？」という問いかけを、時々耳にします。マニュアル通りに言っているのでしょうが、これも間違いですね。

「ご注文の品」に対して、「お揃いになる」という尊敬語を使っているからです。正しい言い方は、「ご注文の品は、揃いましたでしょうか？」ですね。

「ご不明な点は、係の者におうかがいになってください」

これも、お客様に対して「うかがう」という謙譲語を用いている点が、間違った使い方です。「お」をつけて「おうかがいになって」と言えば、丁寧に言っているように勘違いしてしまうのかもしれませんが、謙譲語と尊敬語は一緒に使ってはいけないということを覚えておきましょう。「ご不明な点は、係の者にお尋ねになってください」という言い方が、正しい表現です。

敬語の仕組みを理解しよう

敬意の表し方の度合いは、長くすればする程深くなります。

たとえば、資料を見せてもらいたいときに、丁寧にお願いするときは「ますか？」という疑問形にして、

「その資料を見せてくださいますか？」

ですね。

さらに丁寧にいう場合は、

「その資料を見せてくださいませんか？」

と否定形にします。

もっと丁寧に言うには「お」をつけて、

「その資料をお見せくださいますか？」

さらに否定形にして、

「その資料をお見せくださいませんか？」

もっと敬意を表すには「です」もつけて、

「その資料をお見せくださいますでしょうか？」

これを否定形にすると、もっと敬意を払った言い方になります。

「その資料をお見せくださいませんでしょうか？」

このように、敬語は短いよりも長い方がより敬意を表していますし、肯定形よりも否定形にした方が、より深く敬意を払った言い方になります。

ただし、同じような敬語を重ねて使うとくどい印象を与えて、かえって失礼にあたることもあります。

「先日、おっしゃっていらっしゃった」というよりは、「先日、おっしゃっていた」の方がすっきりしています。程よい敬語を使えるように、センスを磨くことが大切です。

敬語は相手との距離を表しています。過剰敬語は、相手との距離を大きくしてしまうのです。

職場では、上司や先輩など上下関係によって、それなりの敬語を使う必要があります。敬語を使って話してもらうと、自分は大切にされていると感じ、コミュニケーションも円滑にいくものです。でも、間違って使うと仕事に支障をきたすこともあります。

「お客様は神様です」というフレーズもあったように、お客様や取引先には、慎重に言葉を選ぶようにしてください。敬語を使いこなせるということは、社会人としてのキャリアアップにつながり、品位も評価されるのです。

知っておきたい電話のマナー

大切なのは相手への思いやり

電話ならではの気遣い

仕事の話をするとき、相手が目の前にいると相手の表情やしぐさ声の感じから気持ちを推しはかることができますが、電話の場合は、相手の声だけが頼りです。うまくいく話も、言葉づかいや声の調子で失敗してしまうこともあります。電話だからこその気遣いが必要です。

まず、電話をかけるときには、相手が話せる状態かどうかをたずねることがエチケットです。

「いま、お話しできますか?」

あるいは、「先日お話しした○○の件で電話しましたが、いま、大丈夫ですか?」もっと丁寧に言う場合は、「先日お話しした○○の件でお電話を差し上げましたが、いま、お時間はございますか?」

はじめにこのように用件を伝えておけば、相手も心の準備ができます。

また、電話の場合は、いつも自分が話しているペースよりゆっくり話すことがコツです。とくに、ふだん早口の人は、ゆっくり、はっきり発音することを心掛けるようにしてください。

名前が聞き取れないこともあるでしょう。そのようなときは、「恐れ入りますが、もう一度お名前をお願いします」と言えばいいですね。

会社の代表番号に電話して、相手を呼び出してもらうときは、いきなり相手の名前を言うのではなく、まず自分の名前を告げてから取り次いでもらうのが礼儀です。

うっかりして、相手の名前を先に言ってしまったときは、「わたくしは、ＪＡ○○の○○と申します」と、しっかり伝えれば大丈夫です。

電話を受けた側は相手が名乗ったら、「○○地区の○○様ですね」と、名前を確認してから、「いつもお世話になります。担当の○○におつなぎします。しばらくお待ちください」と、取り次ぐといいでしょう。

相手が不在で伝言をお願いしたいときは、「恐れ入ります（お手数をおかけします）が、伝言をお願いできますか？」

伝言を受ける側は、「かしこまりました」と、用件をメモした後、必ず内容の確認をして、自分の名前を告げるようにしましょう。

ちょうどこちらにも相手に伝えたい用件があったときなどは、相手の用件が終わった後で、「いただいた電話で恐縮ですが、ちょっとよろしいですか？」と、ひと言断ってから話を切り出すのもマナーです。

電話を切るときにも、ちょっとした気配りが必要です。用件が終わったからといって、さっさと切ってはいけません。

「ありがとうございます。失礼します」と言ったあとで、「いち、にぃ、さん」と、心の中で数えてから切るようにしましょう。受話器を置くタイプの電話なら、受話器は静かに置きましょう。

いきなり「ブチっ」と切られると、早く電話を切りたくて仕方なかったように思われてしまいます。

さらに、電話をかけたほうが先に切るのは失礼にもあたります。

失敗しないための電話の心得

姿勢や態度は、声に表れます。どんなに疲れていても、仕事で失敗して落ちこんでいても、電話に出るときは、気分を切り替えて笑顔で話すようにしましょう。また、馴れ馴れしい言葉づかいも禁物です。組織にかかってきた電話を取るときは、自分がその組織の代表になった心構えで応対するようにしましょう。

「はい」というはじめの返事も、子音の「H」を意識して言うことがポイントです。「H」をおろそかにしていると「あい」というように聞こえ、ぞんざいな応対をされているように誤解されかねません。

もっとも気遣いが必要なのは、クレームの電話を受けたときです。

相手は怒っているのですからたとえ理不尽なクレームであっても、まず、謝ることが第一です。電話でも謝るときは自然に頭が下がるものです。頭を下げてお詫びをしているときは、申し訳ないという気持ちが声にも表れ、相手に伝わるものです。

また、社内で敬語を使う人が案外多いことに驚かされます。以前、私が審議委員を務めている会議のことで役所に電話したときの会話です。

「もしもし、わたくし、○○委員の村松と申します。課長の○○さんをお願いしたいのですが、いらっしゃいますか？」

「はい、〇〇課長は、ただいま会議中でいらっしゃいます」

〇〇課長は電話を受けた人の上司であるかもしれませんが、たとえ上司であっても外部の人に対しては身内ですから、身内に敬語を使うのは相手に失礼です。このような対応に怒りだす人もいるし、組織の信用を失いかねません。

社外の方からかかってきた電話に対して、役職で呼ぶ言い方も失礼にあたります。

「〇〇部長は、席を外しております」ではなく、「部長の〇〇は、ただいま、席をはずしております」と言ったほうがいいでしょう。

携帯電話の普及でいつでもどこでも電話ができるようになった現代、電話のマナーを使いこなすことが、ビジネスシーンで力を発揮するのです。

早口言葉の練習

新幹線の車窓からよく見える吹田操車場

「車窓」が「シャショー」にならないように「ソ」の音を意識して、また「吹田操車場」が「スイタショーシャジョー」にならないように、「ソ」の音を意識して練習しましょう。

書写の時間に　書写じゃぞ　書写じゃぞと　喜んだ

「ショシャジャゾ」が、「ショシャジャジョ」にならないように、「ショシャジャ」と言っているときに、「ゾ」という音を頭の中にイメージしておくと言えるようになります。

基本的な電話の心得

電話をかけるとき

企業や自治体から話し方研修の依頼を受けると、項目の一つとして必ず入っているのが「電話の応対について」です。

相手の顔が見えない分、電話は気を遣います。そのときの気持ちや姿勢までが、声に乗って相手に伝わってしまうからです。面と向かって話していると言葉が足りなくても表情で補うことができますが、電話はそれができません。

ここでは電話の応対についてまとめてみましょう。

さまざまなシーンに対応できるように、決まり文句を心得ておくと慌てないで済みます。英語を勉強するとき、例文を覚えますね。あの要領です。

電話をかけるときは、名前だけではわからないこともあるので、「〇〇課の〇〇と申します」というように、会社名や所属している部署名などを告げましょう。

そのあとで、「おはようございます（こんにちは、こんばんは）。いつもお世話になります。〇〇さんをお願いしたいのですが、いらっしゃいますか？」と、取り次いでもらいます。

相手が電話に出たら、「今、お話しできますか？」と、一応都合を聞くようにしましょう。来客中にお客様に断って電話に出てくれたのかもしれないので。

もし、時間を要する要件ならば、「〇〇の件でお電話しました。少し時間がかかるかもしれませんがよろしいでしょうか?」と、確認しておくといいですね。

相手がいなかった場合は、その後の連絡の仕方について伝えておきましょう。何時頃戻るか尋ねて戻る時間がわかれば、「〇時頃、またお電話差し上げます」と、告げておけばいいし、伝言を頼みたいときは、「お手数ですが、伝言をお願いできますか?」と、簡潔に用件を伝えるようにしましょう。

「恐れ入りますが、お戻りになりましたら、〇〇までお電話くださいますようお伝えいただけますか?」と、相手から連絡をいただくようにしてもいいと思いますが、基本的には、かけた側が再度電話するのが礼儀です。

急用で業務時間外に電話をするときは、

「朝早くから申し訳ありません」

「お昼どきに失礼いたします」

「夜分遅くに大変申し訳ありません」

などと、始めにお詫びすることも忘れずに。

携帯電話で話しているときに、キャッチホンがかかってきたら、「お話し中、すみません。キャッチホンが入ったので、少しお待ちいただけますか?すぐに済ませますので、よろしくお願いします」と断り、かけてきた相手には、「お待たせいたしました。今、電話中なので、後程、こちらからお電話を差し上げます。申し訳ありませんが、よろしくお願いします」と、手短に告げるといいでしょう。

携帯電話の場合、留守番電話になっていることもあります。用件を簡潔に言えないと、なんとも後味の悪いものです。留守電だったらどう話したらいいかをシミュレーションしておくといいですよ。

電話を受けるとき

「はい、○○でございます」イライラしていても、どんなに忙しくても、電話に出るときは、その会社や組織を背負っているという意識を持って出ましょう。あなたの声で、会社の印象は変わるのです。おのずと感じの良い声のトーンになるはずです。

近頃は、会社名だけでなく、自分の名前を告げるところが増えてきました。でも、名前をはっきり言わない人が多いように感じます。電話をかけた側にとっては、会社名は当然わかりますが、電話を受けた人の名前が聞き取りにくいと、名乗ってもらった意味がありません。名前は、はっきり、ゆっくり言うようにしましょう。手が離せなくて、すぐに電話に出られなかったときは、「お待たせいたしました」というひと言も忘れずに。

取り次ぐ者が不在だったときは、「申し訳ありません。あいにく○○は、今席をはずしております。戻りましたら、こちらからお電話を差し上げますが、よろしいでしょうか？」

あるいは、「○○は、ただいま外出しております。こちらからおかけ直しいたしますが、何時頃までにご連絡したらよろしいでしょうか？」

または、「よろしければ伝言を承りますが…？」などと、相手の意向に沿うような取り次ぎ方をするといいですね。出張している場合などは、いつごろ戻るのか相手に伝え急ぎの用件かどうかも確認しましょう。

また、相手が名乗らないこともあります。そういうときは「失礼ですが、どちら様でいらっしゃいますか？」と、尋ねましょう。

電話を受けるときは、メモの用意をしておきましょう。相手の話が終わったら「確認させていただきます」と、必ず確認します。電話番号や数量、日時など数字に関することは、間違えやすいので気をつけましょう。

携帯電話に不在着信があったら、「先ほどは、電話に気づかず失礼いたしました」と言って、かけ直すといいですね。電車など公共の交通機関の中では、通話はマナー違反ですが、どうしても出なければならない場合は、口元を手で覆いできるだけ小さな声で、「今、電車の中なので、のちほどこちらからかけ直します」と伝えましょう。

話し終わった途端、笑い声やおしゃべりが聞こえてしまうと、相手に不快な思いをさせてしまうこともあるので、電話が切れていることを確認することも大事です。以前、話し終わって電話を切ろうと、心の中で「いち、にい、さん」と数えていたら「あー、きれいな声だった!」と周りの人に話している声が聞こえてきて、クスッと笑ったことがありました。

早口言葉の練習

新人シャンソン歌手による新春新人シャンソンショー

「シャンソン」が「シャンション」にならないように。「シャンソン」の「ソ」の母音が「オ」であることを意識して発音することがポイントです。

特許許可局長は　特許を許可した

「キョカキョク」が「キョキャキョク」になりがちです。「キョカキョク」の「カ」の音は、口の中を縦にあけるような意識をもって発音することがコツです。「カ」のときに片手をあげるようにすると言えますよ。

仕事に活かす
会話のコツ

初対面のコツ①

目指せ！　120％の笑顔

レストランやコンビニエンスストアを利用したとき、感じのいい店員さんはどんな人ですか？
笑顔で接してくれる人ではないでしょうか。

「いらっしゃいませ」
「ありがとうございました」

このようなひと言でも、笑顔で言うのと無愛想に言うのとでは、相手が受ける印象はまったく異なります。笑顔で言われると心地良くなります。

そんなことわかってると、おっしゃるでしょう。そういう方も、まず自分が考えている以上の笑顔、ちょっとやりすぎではないかと思うくらいの笑顔で挨拶する練習をしてみましょう。

鏡を見て、自分の顔と向き合ってください。

・無表情で、「おはようございます」と、言ってみましょう。
→笑顔度０％

・次に、微笑む程度で言ってみましょう。
→笑顔度50％
・今度は、始めから口角をあげて言い終わった後もニッコリしているような笑顔で…。
→笑顔度80％
・最後に「これはちょっとやりすぎかな？」と思うくらいの笑顔で…。
→笑顔度100％

いかがでしたか？ 笑顔度が高くなるにつれて、声が高くなり、大きくなり、明るくなるでしょう。笑顔度100％のときは、挨拶する前から溢れんばかりの笑顔になり、その笑顔で挨拶するので、必然的に声も大きく明るくなります。言い終わった後も、前歯がしっかり見えるくらいのニッコニコの笑顔です。

目指すのは、中途半端な笑顔ではなく、この思い切った笑顔です。

それでは、その調子で挨拶の練習をしてみましょう。

「こんにちは」「こんばんは」「ありがとうございます」
「いらっしゃいませ」「よろしくお願いいたします」
「お疲れさまでした」「かしこまりました」

顔が疲れるくらいの笑顔で、気持ちよく声を出すことがポイントです。100％の笑顔で挨拶できたら、あとはこれに、「きょうも、1日がんばります。どうぞよろしくお願いします。」という気持ちを20％込めて120％の笑顔になるように心掛けましょう。この20％は、自分自身に対する激励の意味もあります。

職場に慣れるまでは、不安なことも多いから声も小さくなりがちです。120％の笑顔を目指すと、笑顔度80％ぐらいの程よい挨拶ができます。毎日練習すれば、自然と笑顔で挨拶する習慣がついてきます。自分が笑顔で挨拶すれば、相手もつられて笑顔を返してくれるはずです。職場の笑顔の輪を広げるためにも、まずあなたから笑顔で挨拶しましょう。

名刺交換を大切に

仕事に名刺交換はつきものです。私も「アナウンサー」という肩書きがついた名刺を初めて手にしたとき、とても嬉しかったことを覚えています。この名刺を上手に差し出すタイミングやそのときのやりとりが、その後の仕事に大きく影響します。

まず、差し出し方ですが、目下から、あるいは面会を申し入れた側から名乗るのが原則ですから、新入社員は自分から名刺を差し出しましょう。相手の方がコートを脱いでいるのに差し出したら慌てさせてしまいます。名刺をさりげなく準備しておいて、相手が用意ができてこちらを見たらご挨拶させていただきましょう。このとき、名刺は両手で相手に読みやすいように差し出します。

名前は、フルネームで告げましょう。よく名刺を交換するときに、名字だけしかおっしゃらない方がいますが、下の名前は何と読むのかわからないこともありますので、姓名を名乗るようにしましょう。名字しかおっしゃらない方には、私はいただいた名刺を読んで、お名前を確認することにしています。

名刺をいただくときには、「これから、どうぞよろしくお願いします」という気持ちを相手に伝えるためにも、なるべく両手で受け取り、名刺をしっかり拝見することです。そして、いただいたらすぐに名刺入れに入れないで、テーブルの上において話をすることもおすすめします。

帰社したら、いただいた名刺に日付やお会いした場所や印象などをメモしておくと、あとで役立ちます。上手に名刺交換をして仕事のネットワークを広げていってください。

早口言葉の練習

お綾や　親に　おあやまりなさい

「ア」を発音するときは、口を縦にあけるように心掛けましょう。特に「おあやまりなさい」の「ア」は意識して縦にあけるようにしてください。

赤パジャマ　黄パジャマ　茶パジャマ

「パピプペポ」も「マミムメモ」も上唇と下唇をあわせて出す音です。少し強めにあわせるように意識して発音してみましょう。上手に言えるようになったら、3回続けて言えるように練習してください。

初対面のコツ②

初対面で共通の話題を見つけるコツ

あなたの周りで、初対面の人でもすぐに打ち解けて話せる人はいませんか？

だれとでもすぐに友達になれたら、仕事をするうえで、人と人とのネットワークが広がっていきますね。

初対面の人と親しくなるには、共通の話題を見つけることがポイントです。でも、共通の話題と言っても、どういう話をすればいいのかわからないという方もいらっしゃるでしょう。

人は、会話のキャッチボールをしながら、人間関係を築いていきます。そこで、投げるボールの種類を多くすることがコツです。

たとえば、「趣味」。単刀直入に「趣味は何ですか？」と聞いてもいいし、「今、興味のあることはどんなことですか？」「ストレス解消法は何ですか？」と、尋ねてもいいですね。食べることに興味がないという人は少ないと思うので（たまにいますが）、好きな料理や、美味しいお店の情報も、ボールとしては投げやすいと思います。

またお子さんがいらっしゃるなら、子育てに関する投げかけもいいですね。

「お子さんは、おいくつですか？」「お子さんは、おひとりですか？」「うちの子は、ゲームに夢中で困っていますが、お宅はいかがですか？」など。

いきなりプライバシーに踏み込むような話題を持ち出すと警戒されてしまうこともあるので、テレビ番組やスポーツの話題を投げてみるといいでしょう。

「どんなテレビ番組をご覧になりますか?」「野球はどこのファンですか?」「好きなサッカー選手はいますか?」「ゴルフはなさいますか?」など。

もちろん仕事の話でもいいのです。

「どんな分野の仕事をなさっているのですか?」「開発の仕事は難しいのではないですか?」「円安の影響はいかがですか?」

人は、仕事の顔だけでなく、趣味の顔、母の顔、父の顔、介護している顔など、さまざまな顔を持っています。自分と一致する顔が見つかればいいのです。すぐに友達ができる人は、その顔をみつけるのが得意なのです。

そのためには、アンテナを張り巡らせて、広く浅くいろいろなことに関心を持つことです。深く知らなくても大丈夫。新聞を斜め読みするだけでもいいし、料理や釣りなど自分が凝っていることでも、雑誌やテレビ、友人や家族の話などを聞きかじるだけでいいのです。

私の友人は、ある音楽グループの大ファンで、初対面の人にでもよくその話をするそうです。するとファンクラブに入っている人がいたりして、たちまち話が盛り上がるそうです。

「私達、なんだか似ていますね」というひと言が出たらしめたもの。安心感が生まれます。初対面の人と仲良くなれる人は、相手に安心感を与える人なのです。その安心感が信頼感につながっていくのです。

その出会いを次につなげる

安心感を信頼感につなげていくためには、その気持ちを忘れないうちに、相手に伝えるようにしましょう。良い出会いをした人とは、また会いたくなるものです。これから仕事でお世話になるかもしれない人だったら、次の機会に向けて、上手なフォローをしておくといいですね。せっかく出会ったのですから、その場限りではなく、次につなげていきたいものです。

そのためには、手紙を出すことをおすすめします。葉書でいいので、お目にかかれて嬉しかったという気持ちや、共通の話題や盛り上がった話の内容に触れれば、相手の印象にも残ります。

私の知り合いは、いつも手帳の間に、切手を貼った葉書を何枚も持っています。「仕事でお世話になった方などに、ただちにお礼状を書けるようにするためだ」と言っていました。

とは言うものの、実は、私は筆まめではありません。心のなかでは、何回も書いていますが、いざ書こうとすると、なかなか筆が進みません。そこで、メールでお礼の気持ちを伝えるようにしています。

パソコンのメールなら、深夜に送信しても迷惑にはならないと思うので利用していますが、携帯メールと連動している方もいらっしゃるので、初対面の方には、迷惑をかけない時間帯に送信した方が無難です。お会いしてから日をあけずにメールすることがエチケットです。どうしても忙しくて間があいてしまったときには、お詫びを忘れずに。

手紙やメールを書くときに役立つのは、いただいた名刺に書き込んでおくメモです。みなさんも、名刺に会った日付などを書き込んでいると思いますが、趣味、共通の話題、盛り上がった話題の他、印象に残ったことをメモしておくといいです。

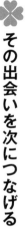

　私は仕事柄、話し方に関心があるので、「穏やかな口調」「かわいらしい声」「〝ジェットストリーム〟のような深夜番組向きの落ち着いた低い声」「笑い声が本当に楽しそう」「アクセントが関西系なので尋ねたら、三重県出身だった」とか、敬語などの言葉づかいで気になったこともメモしています。これは、相手から電話がかかってきたときに役立ちます。見覚えのない電話番号でも、口調や話し方の癖で「あのときお目にかかった、あの人だ」と、わかるからです。

　自分のことを覚えてくれていたら、だれでも嬉しいものです。そんな嬉しさが、人と人とのつながりを広げていきます。初対面の人でも、さまざまな話題のボールを投げて、共通点をみつけるようにしてみましょう。安心感を共有できる出会いを重ねることで。あなたの仕事のネットワークも広がっていきますよ。

早口言葉の練習

国語《こくご》熟語《じゅくご》述語《じゅつご》主語《しゅご》

つなげて書いてあると難しいと思うかもしれません。
国語　熟語　述語　主語という４つの言葉に分けて練習してみましょう。言いにくいのは「熟語述語」です。「ジュクゴ」の「ク」と「ジュツゴ」の「ツ」を意識して発音すると、言えるようになります。

自己紹介のコツ

自己紹介で広がる仕事の輪

自己紹介は苦手だという方もいらっしゃるでしょう。自己紹介は、人の輪を広げ、仕事をするうえでも大きな力を発揮します。コツを覚えて上手にできるように心掛けてください。

まず、名前はフルネームで言いましょう。このとき大切なことは二つあります。「声を前に出す」ことと、「みんなの顔を見て話す」ことです。

以前にも書いたように、見ているところに声は届くのですから。さらに、姓と名の間をあけて言うと親切です。

以前、初対面の方にお名前を尋ねたら、「キタコウジです」と、おっしゃるので、「北小路さん、下のお名前は何とおっしゃいますか？」と聞いたら、「キタ　コウジです」と、おっしゃるではありませんか⁉ こういうことのないように、「キタ」と「コウジ」の間を少しあけるようにするといいですよ。

私も大勢の人の前で自分の名前を言うときは、「ムラマツ　マキコです」と、間をあけて、ゆっくりと言うように心掛けています。

次に、名前を覚えてもらうために、字の説明や、名前にまつわるエピソード、命名の由来などを話すと効果的です。

「はじめまして。ムラマツ　マキコと申します。ムラマツは、村に、松の木の松、よく松村さんと呼ばれますが、逆の村松です。マキコのマは真心の真、マキコのキは貴重品の貴、それに、子どもの子と書きます。独身のときは、どんなに素敵な人でも、原さんという人を好きになってはいけないと思っていました。結婚したら『ハラマキコ』になってしまうからです」。

「はじめまして。キムラ　タクミと申します。スマップの木村拓哉さんと一字違いです。拓海のミは海という字を書きます。ＪＡのキムタクと呼んでいただけるようにがんばります」。

このように、字の説明やニックネームなどをひと言添えると、名前を覚えてもらいやすくなるのでおすすめです。

プラスアルファが鍵を握る

そして、会話のきっかけが見つかるように、趣味や出身地、意気込みなどを話しましょう。ここで何を言うかが、鍵を握っています。

故郷が同じとわかれば、話しかけるきっかけになりますし、同じ趣味だったら、なおさら話が弾みます。その場に応じたプラスアルファを伝えることがポイントです。

新入職員だったら、

「学生時代は、囲碁のサークルに入っていました。ジジ臭いと友人によく言われますが、じっくり考えることが好きです。ピンチになっても粘り強く考えるタイプです。仕事もじっくり取り組んでいきます」。

「うちは農家です。といっても父はサラリーマンで、野菜を作っているのは祖父母です。祖父の作っ

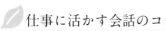

たトマトやきゅうりは美味しいので、子どもの頃から野菜は大好きです。野菜の美味しさを多くの人に知ってもらいたいと思い、この仕事に就きました。がんばります」。

このように、自分の性格や特徴、あるいは志望動機などを、さりげなく伝えることをおすすめします。絵画教室などでの自己紹介なら、その教室に入った目的や、これまでの絵に対する取組み、好きな画家などを言うといいですね。

プラスアルファを話したあとに、もう一度名前を言って「どうぞよろしくお願いします」で、締めくくるといいでしょう。

気をつけなければならないのは、異動した場合の挨拶です。左遷されたという意識があると、自己紹介のときにも、言葉の端々にその思いが表れてしまい、聞いている人が不快感を覚えることがあります。

たとえば、

「ずっと営業一筋でがんばってきました。営業は、お客様と直接顔を合わせることで信頼関係を築き、やりがいがあり実績もありました。それが、突然、経理という数字を扱う部署にまわされ、戸惑っていますが、どうぞよろしくお願いします」

このような挨拶をすると、かつての大河ドラマの加藤清四郎君のように「わしは、こんなところに来とうはなかった!」と言っているように感じられてしまいます。あくまでも、聞いている人の立場になって、配慮しながらプラスアルファの内容を考えるようにしましょう。

早く職場に馴染むためにも、顔と名前を覚えてもらうことが肝心ですし、他の人の顔と名前を覚えることが、仕事をするうえでも求められます。とくに、第一印象は、その後の人間関係に大きく影響します。

自分ではそんなつもりはないのに、つまらなそうに自己紹介をしたばかりに、"ぶっきらぼうな人"、"怖そうな人"というイメージを抱かれてしまい、そのイメージを壊すのに苦労したという人もいます。

自己紹介を侮ることなかれ！

肝に銘じてくださいね。

早口言葉の練習

この竹垣に 竹立てかけたのは
竹立てかけたかったから
竹たてかけたのです

「タケ タテカケタ」というところが「タテ タテカケタ」になってしまいがちです。「タケ」の「ケ」の音を意識して発音するといいですよ。

赤巻紙《あかまきがみ》　青巻紙《あおまきがみ》　黄巻紙《きまきがみ》

3つめの「キマキカ゚ミ」が「キマキマミ」にならないように気をつけて。はじめはゆっくりと練習し、言えるようになったら早口で正確に発音してみましょう。

会話を続けるコツ

上手なキャッチャーになろう

今回は、会話の苦手な人のためのアドバイスです。

人は会話のキャッチボールをしながら心をつなげていきます。家族や友人との会話を思い浮かべてください。仕事をするうえでも、この会話のキャッチボールが得意な人は営業成績もいいのではないでしょうか。

では、どうすれば会話のキャッチボールが上手になるのでしょう。

野球のキャッチボールは、ボールを投げることだけ得意でも、受けることが苦手だったらうまく続きません。投げることも受けることも、ある程度の技術が必要ですし、相手によっても左右されます。

同じように、「話すこと」も「聞くこと」もそれなりの技量が求められますが、仕事をするうえでは、まず「ボールを受けること」、つまり「聞くこと」を第一に心掛けましょう。上手なキャッチャーになって、相手の話をよく聞くことです。

冷蔵庫を買うために売り場に行ったとたん、

「いらっしゃいませ。この冷蔵庫は、野菜室の機能が充実していることがウリです。さらに…」

このように一方的に説明されると、「とにかく売りたい」という意識が前面に出て、押しつけられているような感じがして腰が引けてしまいます。

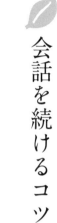

それよりも、

「買い替えでしょうか？ どのような物をお探しですか？」

と、やんわりとこちらの意向を聞いてくれたほうが、話してみようかという気になります。

「家族が増えたから買い替えようと思って」「いま使っているものは、相当古く、音がうるさいので」「娘が結婚することになったので」

こんなふうに、相手のニーズを聞き出すことが一番です。

だれでも、自分の話を聞いてくれる相手には好意を抱きます。商品について正確に説明できることはもちろん必要ですが、それよりもお客さんの目的や希望などを聞くことが先です。店員の感じがいいと、いろいろと話したくなり、買ってみようかなと思うのです。「商品を選ぶ」というより、「人（店員）を選ぶ」といってもいいでしょう。

ですから、まず、上手なキャッチャーになること、相手の話をじっくり聞くことを心掛けましょう。

そのうえで相手の意向に沿った商品を紹介することがコツです。

相づちが話を引き出す

上手なキャッチャーになるために必要な道具は、グローブ、つまり「相づち」です。

若者たちの会話を聞いていると、「嘘！ ホント！ マジっ！」

この数種類の相づちがポンポンと飛び交いながら、会話が弾んでいきます。相づちは、「あなたの話を聞いていますよ」というサインであり、相手の話を促す役目を担っています。

だから、上手な相づちが打てるようになると、さまざまな話を聞き出す可能性が広がっていくのです。

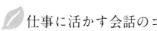

みなさんは、ふだんどんな相づちを打っていますか？
「はい」「ああそうですね」「まあ！」「ほっほう」「なるほど」「それで？」「そうなんですか」「まさか！」「へぇー」「そんな！」「ふーん」「わかるわかる」「そうなの？」「そんなバカな！」「信じられない」「本当？」「いやだぁ」

こうしてあげてみると、相づちの種類は案外多いことに気がつくはずです。自分がどんな相づちを打っているか、一度チェックしてみるといいですよ。

とくにビジネスでは、相づちの打ち方を間違えると、相手を不機嫌にさせ失敗することもあるので注意が必要です。

たとえば、以前、私がある会社に電話をしたときに、応対した社員が、「うん」と相づちを打つので驚いたことがあります。「はい」という相づちもしていましたが、「うん」という相づちを時々するので、ぞんざいに扱われているように感じ、用件の途中でしたが電話を切ってしまいました。

また、若い店員が年配のお客様の話を聞いているときに、「なるほど」と言ったら、急に不機嫌になってしまった、どうしてだろう、という相談を受けたことがあります。

この場合、立場や年齢を考えると、「なるほど」ではなく「おっしゃる通りですね」と言えば、気を悪くしなかったのではないでしょうか。

逆に、相手が、ツボを得た相づちを打ってくれると、つい嬉しくなり、話さなくていいことまで話してしまうことさえあります。これは、まさにビジネスチャンスです。

相づちの種類を増やし、タイミング良く打つことを心掛けると、会話のキャッチボールがうまくいくようになるのです。

あなたの周りで、相づち上手な人がいたら、その人の相づちを観察し、真似してみることから始めるのもいいかもしれませんよ。
会話のグローブを、自由自在に使いこなせるようになりましょう。

早口言葉の練習

のら如来《にょらい》　のら如来
三《み》のら如来に　六《む》のら如来

「ニョライ」という音に引きずられて「ミノラ」が「ミニョラ」に、「ムノラ」が「ムニョラ」になっていませんか?「ミノラ」の「ラ」の音を意識して強めに発音すると、言いやすいかもしれません。早く言うことよりも、まず正確に発音することを心掛けましょう。

立食パーティーで困ったら

知らない人の中で会話するコツ

友人の結婚披露宴に招かれたけれど、ひとりも知り合いがいなかった。立食パーティーに参加したけれど、話し相手が見つからず居心地が悪くて早々と退散した。こんな経験をなさったことはありませんか？

周りは知らない人ばかりのときは、どのようにして話し相手を見つけたらいいのでしょう。

立食パーティーなどの場合は、キョロキョロしないで、あたりを穏やかな眼差しで見てみましょう。あなたの他にも連れのいない人がいるかもしれません。そういう人が見つからなかったら、しばらくお料理や飲み物を楽しみましょう。食べている間も、話しかけやすいように、穏やかな表情でいるように気を配りましょう。

もし、ひとりでいる人が見つかったら積極的に声をかけましょう。声のかけ方にもコツがあります。「はい」「いいえ」で終わらないような声のかけ方をすることです。

たとえば、「きょうは、いいお天気ですね」と声をかけると「そうですね」というひと言で終わってしまう可能性があります。

でも、そのあとに「どちらから、いらっしゃいましたか？」と尋ねれば、「福岡です」と、具体的に返ってくるでしょう。

「福岡というと、明太子がおいしいですね。いつもお土産を買うときにどれにしようか悩んでしまうのですが、どこかおすすめの銘柄はありますか？」

「博多には、何回か行ったことがありますが、本場の博多ラーメンは、東京で食べるものと違って、独特の味がして、ちょっとビックリしましたよ」

「福岡はまだ行ったことがないのですが、今度出張で行くんですよ。ここだけは行ったほうがいいという観光スポットは、どこですか？」

このように、会話の糸口が見つかれば、そこから話を進めることができますね。

結婚披露宴でしたら、隣にどんな方が座っているかがわかれば話しやすくなりますから、「新郎のお知り合いですか？」「新婦のご友人ですか？」と、声をかけてみましょう。自分は新郎の幼馴染であるとか、新婦の中学校時代の友人だということを告げてから声をかけると、相手も答えやすくなるでしょう。

立食パーティーでしたら、「まだ召し上がっていらっしゃらないのなら、一緒に料理を取りに行きませんか？」と、さし障りのない声のかけ方をすることがポイントです。

さらに、聞かれたら聞き返すことも会話のキャッチボールをするコツです。「どちらから、いらっしゃったのですか？」と、聞かれたら、「あなたは、どちらから？」と聞き返してあげることも忘れずに。

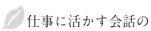

チャームポイントをさがそう

なかなか話しかける言葉が見つからないこともあります。そんなときは、さりげなく相手のチャームポイントをみつけ、「そのネクタイ、お似合いですね。ご自分で選ばれたのですか？」「いやあ、娘が誕生日にプレゼントしてくれたんですよ」

こんな答えが返ってきたら、お嬢さんがいることがわかり、会話の糸口が見つかります。

チャームポイントをみつけるには、ふだんからの心掛けが必要です。私は、電車やバスに乗ったとき、そこに乗り合わせた人を端から順に、「素敵なところはどこか」「もし声をかけるとしたらなんて言おうか」ということの答を心の中で呟く訓練をしています。

「そのサンダル、履きやすそうですね。どこで買ったのですか?」

「広いつばの帽子がエレガントで、お似合いですね」

「重そうな鞄。年季が入っていて使いこんでいる感じ。外国製ですか?」

「眼鏡のフレームがオレンジ色! なんておしゃれなんでしょう」

「スーツも素敵だけれど、靴までピカピカ。紳士ですね」

「坊やのTシャツにも靴にもトーマスが。機関車トーマスが好きなんだね。お母さんが買ってくれたのかな」

「日焼けしていて、白いシャツが眩しいですね。なにかスポーツをなさっているのですか?」

もちろん自分が言われて不快なこと、相手が気にしていることや嫌がるようなことは、心の呟きとしては許されても、口に出して言うべきではありませんね。

「そのワンピース、おしゃれですね。でもずいぶん大きいサイズのようですが何号ですか?」

「その指輪高そうですね。いくらぐらいしたのですか?」

電車やバスに乗っている間も、携帯電話ばかりみていないで、人間観察をしてみましょう。仕事にも必ず役立ちますよ。

早口言葉の練習

しゅす　ひじゅす　しゅす　しゅちん

「繻子　緋繻子　繻子　繻珍」と書き、いずれも織物のことです。「ヒ」と「シ」の区別がつかない人にとっては、言いづらいと思いますが、「ヒ」を発音するときに思い切り口を横に引いてみることがポイントです。

相手の気持ちを動かすコツ

相手の話を聞くようにしよう

コミュニケーションには、三つの働きがあります。その一つめは、相手に親しみを持ってもらい、良い人間関係を作る。二つめは、情報を伝える。そして三つめは、相手の気持ちを動かす、説得することです。

営業の仕事には、この三つの要素すべてが求められますが、もっとも必要なのは、三つめの相手の気持ちを動かす力です。

相手の気持を動かすためには、その製品の良さを相手に理解してもらわなくてはなりません。しかし、特長をわかってほしいばかりに、つい一方的に話し続けてしまうということはありませんか？ 相手の反応を見ないで、言いたいことをまくしたててしまい、結局失敗に終わったという経験をした方もいらっしゃるのではないでしょうか？

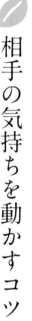

営業の仕事は、相手にわかりやすく説明できることはもちろん大切ですが、実はそれ以上に、相手の話を引き出す力が求められるのです。つまり、相手が何を求めているのか、どんな要望を持っているのかをつかむことが欠かせないのです。

そのためには、相手に話をさせるようにするといいでしょう。相手が興味を持つような話題を取り上げ、相手の話すことに耳を傾け、感心したり、親身になって話すようにしていると、相手が心を開いてくれるようになるのです。

人はだれでも、**自分の話を聞いてもらうと嬉しくなる**ものです。相手が興味関心を持って自分の話を聞いているとわかると、心地良く感じられ、興奮して話してしまいます。

自分の話を熱心に聞いてくれる営業担当者には、信頼感も生まれます。そうなれば、しめたもの！「それでしたら、こちらの品はいかがでしょうか？」と、相手のニーズに合わせた商品の提案をすることができるのです。

お客さんは、製品を選ぶのではなく、それを販売担当している「人」を選ぶのです。ですから、自分ばかり話している営業マンは、なかなか営業成績が上がらないと言えるでしょう。

「へぇー」の秘密を探ろう

では、コミュニケーションの働きの二つめ、情報を伝える力、製品の素晴らしさを伝える力が自分にあるかどうかを見極めるには、どうしたらいいでしょうか？

それは、相手の反応を見ることです。自分が説明しているときに、相手はどんな顔をしているか、相手の表情を観察してみましょう。説明している製品をじっと見つめたり、手にとって眺めていますか？あるいは、説明しているパンフレットを熱心に見ているでしょうか？

身を乗り出すようにして聞き始めたら、興味を抱いた兆候ですが、椅子の背にもたれたままだったり、パンフレットも机の上に置いたままだったりしたら、関心がないというサインです。

相手の心をつかんでいません。

表情よりも的確なのは、相づちです。相手は、どんな相づちを打っていますか？無言だったり、ただ頷くだけだったりしたら、あまり興味を示していないことがわかります。手ごたえが感じられませんね。

ところが、「なるほど！」とか「へぇー」「ほぉー」という相づちが返ってくると、相手が自分の説明に聞き入って、驚いたり関心したりしていることがわかります。営業の仕事は、相手の「へぇー」をたくさん引き出すような話し方をすることがコツなのです。

お客さんが、どこで反応を示すかということも観察しておきましょう。お客さんに「へぇー」と言ってほしいところで、言ってくれなかったら、その原因を考える必要があります。逆に予期せぬところで「へぇー」と言われたら、なぜ「へぇー」を発したのを探ることが大切です。

つねに相手が何を求めているのかという視点を持って話すことが、情報を伝える力、説明する力を磨いていきます。大勢の人を前にしてプレゼンテージョンするときも、この「へぇー」や「なるほど！」を引き出せるように話すといいでしょう。

そのためには、ふだんから、なにか面白いことはないかな、みんなが「へぇー」と思うようなことはないかなと、探すように心掛けることをおすすめします。

たとえば、先日、千葉県の牧場を視察したときのことです。牛舎の中に、ビンの内側を洗うブラシを大きくしたような物が下がっていました。直径が1メートルぐらいあり、ちょうど牛の背の高さのところに設置されています。何だろうと思って見ていると、牛がそのブラシの下に入ると、ブラシが回転するようになっていて、その下で牛は背中を動かしているのです。まるで、痒いところをブラシで掻いてもらっているみたいでした。背中のマッサージ器のようなもので、牛は気持ちよさそうで、順番待ちができていました。

この話をすると、みんな「へぇー」と、言ってくれます。まず、自分が「へぇー」と思うことを探すことがポイントです。日常の暮らしの中で「へぇ」を探すようにすると、いろいろな発見があって楽しくなります。

早口言葉の練習

一日消防署長委嘱状授与式で消防署長から委嘱状を授与された

故郷の東京八王子市で、一日消防署長を頼まれました。その際、「一日消防署長委嘱状授与式」という言葉が、言いづらそうでした。

「一日消防署長」の発音のポイントは、「イチニチ」の「イ」の音をまずしっかり出すことです。油断すると、「チニチ」と聞こえてしまいます。「ショーボーショチョー」の「チョー」の母音は「オ」ですから、口を丸めるようにしましょう。「委嘱状授与式」は、「イ」で口を横に引き、「ショク」ですぼめるようにするので、口の動きがポイントになります。鏡を見ながら口の形に注意して、しっかり発音できるように練習してみてください。

上手に謝るコツ①

"謝罪のポイント3段階"を心得ておこう

その1　まず謝ること

できれば失敗はしたくないけれど、万が一失敗してしまったら、謝罪の仕方が信頼回復の鍵を握っています。

相手に迷惑をかけたり、不快な思いをさせてしまったら、とにかく謝ること。これに尽きるといってもいいでしょう。たとえ自分に落ち度がなかったとしても、まず謝罪することが事態打開の糸口となります。

自分がミスした場合はなおさらのこと、まず、申し訳ないという気持ちを相手に伝えることが大切です。

「この度は、私どものせいで、ご迷惑をおかけしてしまいまして、誠に申し訳ございません」

「この度は、私の不注意でご迷惑をおかけしてしまい、何とお詫びしたらいいのか……。本当に申し訳ありません。心からお詫び申しあげます」

謝罪の気持ちは、お辞儀の仕方にも表れます。お辞儀には3種類の頭の下げ方があります。

まず**「真礼」**、これは上体を45度まで傾けるお辞儀の仕方です。敬意を込めた場合はもちろんこのお辞儀になりますが、本当に申し訳ないと心からお詫びを言いたいときにも、自然と頭が下がり、真礼の形になるものです。また、角度だけでなく、心の中で「1・2・3」と数えるぐらいの間、頭を下げることも大切で、それが謝罪の気持ちを伝えることにもつながります。

次が**「行礼」**、これは30度ぐらい上体を傾ける、やや丁寧なお辞儀です。

日常の挨拶などは、15度ぐらい上体を傾ける**「草礼」**です。

ビジネスで失敗をしてしまったら、真礼で深々と頭を下げて、心をこめてお詫びすることがポイントです。ペコペコと幾度もお辞儀を繰り返さないで、お辞儀すべきときに誠意が伝わるように行うことが大切です。

このとき、自分には落ち度がないと思っていると、表情や声、態度に出るので気をつけましょう。自分は悪くないのに、相手に迷惑をかけてしまった場合でも、言い訳をしないで、まずはお詫びすることが必要なのです。

その2　次に説明すること

お詫びをして、相手が自分の話に耳を傾けてくれそうになったら、なぜ失敗してしまったのかを説明をしましょう。

「時間に余裕をみて出発したのですが、予期せぬ事故で大渋滞してしまい、お約束の時間に間に合いませんでした」

「私が、急に体調が悪くなり仕事を休み、代わりの者に頼んだのですが、情報が正しく伝わっていませんでした」

「私の思い込みで勘違いをしてしまい、数量を間違えてしまいました。落ち着いて見直せば気づくことなのですが、思い込みが強かったためにこのような結果を招いてしまいました」

このように、なぜ失敗したのか、相手に理解してもらうこともポイントです。

言い訳ととられたくないからと言って、何も説明しないでいると、潔いというより、開き直っているととられてしまうこともあるので、事情を説明することは必要です。

相手の怒りが収まらないときは、途中で説明したり、口をはさんだりしないで、ただひたすら謝りましょう。そのときは、お詫びの言葉だけ伝えて、後日、相手が落ち着いたら、あらためてお詫びに出向き、事情を説明することも必要です。

その3　最後に今後どうするか伝えること

そして、もっとも大切なことは、その失敗を繰り返さないために、今後どうしたらいいのか、どうしようと思っているのかを相手にしっかりと伝えることです。

「今後、このようなことがないように、チェック体制を早急に整えます。二度とご迷惑をかけないように細心の注意を払いますので、どうかお許しください」

「今後、遅刻しないように、時間に余裕を持って業務にあたりますので、どうぞご容赦ください。

申し訳ありませんでした」

「この失敗を胸に刻み、このようなことが起こらないように、徹底して原因究明にあたります。その結果は必ずご報告にあがります。誠に申し訳ありませんでした」


このように、失敗をしてしまったら、同じ過ちを繰り返さないためにどうしたらいいかを考えることが大切で、それは自分の性格や仕事の仕方について見直すことにつながります。

ビジネスでは解決策を相手に示すことは必須で、その後の信頼関係にも影響します。

失敗は、ステップアップのチャンスだととらえて前向きに考えることも必要なのです。慣れによって油断はなかったか、報告、連絡はしっかりしていたのか、自分を顧みる良い機会と言えるでしょう。そうすることで、失敗を活かすことができるのです。

早口言葉の練習

右の耳は右耳
右耳の2ミリ右にミニ右耳

「右」と「耳」をつなげて言うのは難しいものです。「ミリ」がついたり「ミニ」がつくと、よけいにややこしくなって言いづらくなります。まず「右耳」を何回か続けて言えるように練習してみましょう。3回続けて言えるようになったら、「ミニ」をつけて言ってみましょう。この早口言葉の最難関は「ミニ右耳」です。「ミニミギミミ」の母音はすべて「イ」なので難しいのですが、「右」の「ギ」の音を意識して発音するようにするといいでしょう。

上手に謝るコツ②

お詫びの仕方が鍵を握る

以前、パールのネックレスとイヤリングを友人の知り合いのお店で購入したときのことです。友人の紹介ということで、その店のオーナーであるご夫妻は懇切丁寧に応対してくださり、すっかり打ち解けた雰囲気の中、じっくり選ぶことができました。いい買い物ができたと、私は友人に感謝しました。

ところが、初めて身につけたとき、イヤリングの金具が壊れてしまったのです。すぐに電話をすると「大変申し訳ございませんでした。すぐに新しいものとお取り換えいたしますので、お手数ですが、着払いでにお送りいただけますでしょうか?」と言う、ご夫妻の申し訳なさそうなお詫びの言葉が返ってくると思っていました。

がしかし、電話から聞こえたのは、「あらぁ、そうですか。すぐに直りますから大丈夫ですよ。そのへんにあるマッチ箱にでも入れて送ってください」と言う、アルバイトの女性の声でした。

この応対に、私は思わず言葉を失いました。謝罪の言葉がないばかりか、悪びれた様子のない口調からは、「壊れるのはよくあることだから、そんなに慌てることではないでしょう」という感じが伝わってきたからです。お店で抱いたご夫妻への信頼感が一気に失せました。

しかも「そのへんにあるマッチ箱」という言い方に、私は怒りを覚えました。一生大切に使おうと思って購入したものに対して使う言葉ではありません。私がご夫妻と親しげに話しているようすを見て、彼女は勘違いしたのかもしれませんが、クレームには、それなりの言葉と態度でお詫びをしないと信用を失います。

お店のご夫婦は、何度も謝りましたが、私は二度と足を運ぶまいと思いました。

自分に落ち度はなくても謝らなければならないことは、ビジネスにはつきものです。クレームに対しては、まずお詫びをし、そのうえで相手の言うことにじっくりと耳を傾けましょう。

とくに相手が興奮している場合は、とにかく謝って落ち着いてもらうことが大切です。

あなたが、クレームの対応を間違ったばかりに、組織全体の信用を失ってしまうこともあるのです。お詫びをするときは、組織を背負っているということを忘れず、そして相手の立場になって考えてみると、どのようにお詫びをしたらいいのか、コツをつかむことができるようになります。

究極のお詫び

私は、冬になるとよくスキーに行きます。回りをよく見てぶつからないようにタイミングをはかり滑りだしますが、それでも後ろから勢いよくぶつけられたことがありました。細心の注意を払ったのに一体だれが？

雪を払いながら起き上り後ろを見ると、遠くのほうに小さな坊やが転んでいました。よほど無謀な滑り方をしていたのでしょう。

私は語気を強めて、

「君がぶつかってきたの？」

と睨みました。

すると、その男の子は半ベソをかきながら、

「ケガはありませんでしたか？」

と言うのでびっくりしました。

私がケガをしていないか気遣うその紳士的な態度に感動し、私の中の怒りはゆるゆると溶けていきました。

私が穏やかに、

「どうしてぶつかっちゃったの？」

と聞いたら、

「言い訳のしようがありません。僕が悪いんです！ごめんなさい」

と、駆け寄って、抱きしめたくなるような答えが返ってきました。

食品偽装や国会答弁で嘘ばかりついている大人たちに見習ってほしい、究極の詫び方だと感心したものです。

自分が悪いときには、たとえ事情があったとしても、言い訳をしないでまず謝る、心をこめてお詫びを言うことが一番です。本当に申し訳ないと思っていれば、それは、表情や態度、言葉や口調によって、相手の心に響くのです。

強い謝罪の思いがあれば、深々と頭を下げたり、涙がこぼれたり、表情やしぐさによって相手に伝わるものです。電話では、顔が見えないぶん尚更のこと、謝るたびに頭が下がるのが自然なことでしょう。

逆に、いくら言葉では謝っていても、誠意が感じられないこともあります。不祥事が起き、テレビカメラの前で謝罪しなければならない場合、「私が悪いわけではないのに、なぜ私が謝らなくてはならないのか」という気持があると、ふてくされたような表情となって、テレビを見ている人に伝わる

のです。また、謝罪原稿を間違えずに読もうとすると、「誠に申し訳ございません」という言葉まで、文字を追いながら言うので不自然になり、心がこもっていないと受け取られてしまいます。

その場面に応じた謝り方、お詫びの仕方を身につけることは、仕事をするうえではもちろん、豊かな人間関係を作るうえでも欠かせないことなのです。

早口言葉の練習

ポーランドの鳩ポッポ
プッシュホンでパパピピプペポ

「パピプペポ」という音は、上唇と下唇をしっかり合わせて発音します。最後の「パパピピプペポ」を、同じ長さではっきり発音できるようになったら、しだいに早く言えるように練習しましょう。

相手を喜ばせるコツ

相手がしてほしいことは何か観察しよう

人は、会話のキャッチボールをしながら、自分の考えや思いを伝えていきます。でも、そこには文字で表したときとは異なる条件がいろいろ付いてきます。

その場の空気が読めなかったり、他人の感情を読み取る力が足りなかったりするために、大事な契約が取れなかったりすることもあります。

契約の内容を正確に伝えているのに、相手がいきなり怒りだしてしまったり、今まで上機嫌で笑っていたのに、急に不機嫌になって帰ってしまったということもあるかもしれません。

社会人になるまでは、人とあまり関わりを持たないで過ごしていた人もいるでしょう。インターネットが発達し、瞬時に世界の情報を手にすることができ、知識や情報を得ることができますから、一日中、パソコンと向かい合って過ごしてきた人もいるかもしれません。

パソコンでのやりとりは、相手の顔が見えないので、言葉の裏側にある感情を読み取ることができません。だから、インターネットやテレビゲームにはまってしまった人は、いざ社会人になると、自分の思いがうまく相手に伝わらなかったり、相手の機嫌を損ねてしまったりすることがあるのです。

ビジネスの世界では、人と関わりを持たないでできる仕事などないのです。そこで心掛けることは、相手がしてほしいことは何かなと、まず観察することです。

暑そうだなと思ったら、エアコンの温度を下げたり、窓を開けたり、節電でエアコンの温度調節ができないときは、その旨を伝えて団扇を差し出したりすることです。いきなり仕事の話に入らないで、相手の汗がひくのを待ってから始める気遣いも大切です。商談中に相手の携帯電話に電話がかかってきたとき、メモを取りたいようだったら、紙とペンを差し出すなど、臨機応変に動くことです。

こうした気遣いは、お酒の席でも同様に必要です。相手のグラスが空にならないようにビールを注いであげたり、好きな料理などは覚えておくようにして、その料理を注文したりすると、喜ばれて話も弾みます。お酒の席で商談が進むこともありますし、少なくとも距離を縮めることができます。

このように、相手が何を望んでいるか、どうしてほしいと思っているか観察し、素早く対応する力が、ビジネスを左右する鍵を握っています。

「話す」ことは、言葉を口から発することだけではなく、目で見て観察し、耳で相手の声のトーンを探り、身振り手振りや表情で、考えや情報、思いを伝えあうことなのです。

相手が聞きたい言葉は何か考えよう

「そのスーツ、似合っていますね。素敵です」

そんな言葉をかけられたとき、

「えー、そうですか？　バーゲンで買った安物なんですよ」

とか、「自分では、あまり好きではないのですが……」などと、以前は答えていました。

私の返事を聞いた後、相手の方の笑顔が曇って、なんとなく気まずい雰囲気になってしまうことが何度かありました。私は謙遜のつもりで言ったつもりでしたが、考えてみたら不愉快になる答え方になっていると気がつきました。

似合っていると思ったから言ってくださったのに、安物だろうが、本人が気に入っているかどうかは、関係ないことです。せっかくの好意を無にしてしまう反応でした。

「まあ、そうですか！　ありがとうございます」

このように、素直に喜べばいいのだと気がつきました。

私にそう気づかせてくれたのは、春先、桜色のスカーフをエレガントに胸元にあしらっていた方に、「そのスカーフ、素敵ですねー。きょうのブラウスにぴったりですね」と言ったら、

「まあ、ありがとう。嬉しいわー。このスカーフ、自分でも気に入っているの」と、ニッコリ笑って応えてくれたことです。

想像以上の笑顔が返ってきたので、私まで嬉しくなり、言ってよかったなと思ったのです。褒めてもらったら、素直に喜ぶことが、より良い人間関係を作ってくれるのだと、そのとき気がつきました。

もちろん、相手が謙遜していたら、それなりの言葉をかけないと気まずくなってしまいます。

「私って、仕事よくミスするから」という言葉には、「そんなことないよ」と、言ってほしい気持ちが込められています。

「わが社は弱小企業ですから」と、言われたら、「そんなことはありませんよ」と言わなくては、関係を悪くしてしまいます。

本当にそう思っても、素直に返したらいけない場面があるのですね。もし、相手の言葉が否定しよ

うもないことだったら、プラスアルファをつけて返してあげることがコツです。

「そんなことありませんよ。堅実な経営をなさっているじゃないですか」

相手が返してほしいひと言は何か、相手が喜ぶひと言は何かを、相手の立場になって考えてみるといいですね。

早口言葉の練習

樹上座禅像《じゅじょうざぜんぞう》

難しいのは「樹上」だと思うので、後ろの方から練習してみることをおすすめします。まず「座禅」と言ってみましょう。次に「像」をつけて「座禅像」。これに「樹上」をつけていきます。「樹上」は、母音を意識して発音するといいでしょう。「ジュ」の母音は「ウ」です。「ジョー」の母音は「オ」です。「ウ」→「オ」ですから、「ジュ」ですぼめた口を、「ジョー」で縦に開ける感じで発音してみてください。

笑顔で作る自分の空気

あなたの空気はどんな色？

私は講演や話し方教室で全国各地に足を運びます。毎回テーマも違えば、集まってくる方々も異なります。お年寄りのみなさんだったり、ビジネスマンだったり、お子さんたちだったり…。

同じ条件で話すことはありませんが、どんな状況でも変わらぬことがたった一つあります。それは、私の心構えです。

「さあ、きょうも笑顔でがんばろう！」という前向きな気持ちです。

どんな人が来ているのかな、どんな出会いがあるかな、楽しみだなと、自分をワクワクさせることがポイントです。そのときめきが、私を笑顔にしてくれます。頭のてっぺんからつま先まで、やる気がみなぎってくる感じです。

まるで好きな人に向かってするような、愛にあふれた笑顔で、「みなさん、こんにちはー！」と、第一声を発するようにしています。

いつからそうなったのか覚えていませんが、意識するようになったのは、私の講演を聴いてくださった方のひと言でした。

「村松さんが、ステージに現れると、パーっと明るくなって、まるでヒマワリの花が咲いたようですね！」

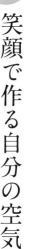

この言葉は、心に残りました。

NHK学園やNHK文化センターの「イキイキ話し方教室」の受講生からも、「村松先生の顔を見ただけで、条件反射みたいに嬉しくなるんですよ。不思議ですねー」と、言われたことがあります。

この人がいると明るくなる、この人がいると元気になる、この人と一緒だと仕事が楽しくなる……そんな空気を生み出すことが、実は人と関わり合ううえで大切なのです。特にチームを組んで仕事をする職場では、その人の空気が、まわりの人に影響を与えるのです。

お昼の情報番組を担当していたときのことです。番組の前日、友人のお子さんが病気で亡くなりました。ちょうど2日前にお見舞いに行ったばかりだったので、一晩中思い出しては泣いていました。翌日、目が腫れて、暗い顔をした私がいました。いつものように、笑顔で「こんにちは」とカメラに向かうことなどできないと思いました。

でも、視聴者に、自分の心情を語るわけにはいきません。本番直前に、スタジオの入口にある大きな鏡に向かって笑顔で自分を励まし、気合を入れました。すると、いつものように明るく番組を始めることができました。

打ち合わせなどで人と会うときに、自分の心がどういう状態にあるか知ることが、自分を客観的に見ることにつながります。**自分はどんな空気を発しているのか、**意識してみましょう。

暗い空気を明るく変えよう

石川県で講演したときのことです。最前列に座っていた男性は、大柄で威圧感があり腕組みしていました。口をへの字に結んで、私に何か文句を言いたげな態度です。周りに座っている方たちは、私のニッコニコの「こんばんはー！」という挨拶につられて笑顔を返してくれるのに、その男性は黙ったままでした。

そこだけ凍りついたような冷たい空気が漂い、私は気になって仕方ありませんでした。みんなが笑っていても、ニコリともしません。

そこで私は、その男性に声をかけてみようと思いました。怒り出したら困るなと、少々不安ではありますが、ステージを降りて、ニコニコしながら「こんばんは」と、マイクを向けてみました。ムッとした顔で、顎を出すように頭を下げました。私は親しみを込めながら、さらにニコーっとして「いつも、どんな感じで挨拶をしていますか?」と、聞いてみました。すると、

「挨拶、苦手なんです。いつも人から怖い人に見られているようです」

と、ボソッと言いました。

「本当ですね。怖い人だと思っていましたー！」

笑いながら私が言うと、会場からドーッと笑いがおこり、たちまち楽しい空気で満たされました。事情がわかったらしめたもの。ステージへあがってもらって、笑顔で挨拶をする練習をしてもらいました。

照れてしまって上手に言えません。「こんにちは」と言っているときは表情が硬いのですが、言い終わるとホッとしていい笑顔になります。その笑顔でもう一度と、何回かお願いしたら、汗を拭きながら、顔が疲れたと言うではありませんか⁉　ふだん、あまり笑わないので、笑うための表情筋を使っていないのです。

遂に笑顔で「こんにちは」と言うことができました。明るい声になっていました。明日からは、顔を上げて、笑顔で挨拶するようにしてみますという言葉に、会場から大きな拍手が！

講演終了後、その男性は、「自分はこれまで、会話が少なく、それでもいいと思っていたのですが、変われるような気がしました。明るい人になれるように笑顔の練習をします」と、おっしゃいました。

職場では、きっと近寄りがたい空気を漂わせていたのでしょう。一緒に仕事をしたくないと思われていたかもしれません。

でも、その空気は、変えることができるのです。話しやすい雰囲気の方が営業成績もあがります。まわりの人達に好かれる人になることが、仕事をするうえでも大切です。そのためには、鏡を見ながら感じの良い笑顔で話す練習をしてください。

笑顔は、自分の空気を変える力を持っているのです。

早口言葉の練習

バス ガス爆発
バス ガス爆発
バス ガス爆発

「ガス」が「バス」と言う音に引きずられてしまい、なかなか言えないのではないでしょうか？　「ガス」の「ガ」の音は、口の中を縦にあけるような意識を持って発音すると言えるようになりますよ。

返事を引き出すコツ

会話のキャッチボールを上手にしよう

ビジネスには、まず相手との距離を縮めるためのアプローチが必要です。そのためには、感じの良い挨拶はもちろんのこと、何気ない会話のやり取りに、ほんの少し気を使うことがポイントです。

挨拶がわりに、天気についての会話をすることが多いと思います。でも、ちょっと工夫するといいですよ。「きょうは、いい天気ですね」と声をかけたとすると、「そうですね」で、終わってしまうかもしれません。

そこで、ひと言付け加えることをおすすめします。

「きょうは、いい天気ですね。紅葉狩りにはいらっしゃいましたか?」

こうすれば、相手は紅葉狩りに行ったかどうかを答えてくれます。紅葉狩りに行ってきたのなら、今年の紅葉はどうだったかたずねるのもいいですし、もし行っていなかったら、紅葉のおすすめスポットをお伝えすることもできます。

こうした何気ない会話から、その人がドライブが好きだったり、絵を描くことが趣味だったり、家族構成や健康状態まで、いろいろなことがわかるようになるのです。

ポイントは、あたり障りのない話題から入り、相手が「イエス」「ノー」では答えられないような、話しかけをするということです。

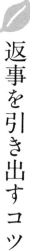

たとえば、リンゴを剥いてくれたら、「おいしいですね」だけではなく、「おいしいですね。青森のリンゴですか、長野のリンゴでしょうか?」という具合に、ひと言付け加えると会話のキャッチボールが始まり、長野の話になったり、青森の話題に広がったり、故郷の話につながったりするかもしれません。

ゴルフバッグが置いてあったら、「ゴルフは、どちらでなさるのですか?」と、聞いてみたらいかがでしょう。自分の詳しい地域だったら話が発展するでしょうし、詳しくない方面だったら、特産品などをたずねることでキャッチボールを続けることができます。親しくないのに、いきなりハンディキャップや腕前などを聞くのは失礼ですから、気をつけましょうね。

わが家の近所に、バラがたくさん咲いているお宅があって、いつもきれいだなと思って見ていたのですが、ある日、女性が手入れをしていたので声をかけてみました。

「バラの花、きれいですね。いつもうっとり眺めています。でも、手がかかって大変でしょう?」

すると、

「バラは手がかかるけれど、手をかければ、それにしっかり応えてくれるから育て甲斐があるんですよ。バラは逆らわないし、口応えもしないから、子育てよりもずっと楽ですよ」

この答えに大笑いしました。お子さんがいらっしゃる事もわかり、話が弾みました。

このように、ちょっと工夫して話のボールを投げることにより、会話のキャッチボールがうまくいくようになります。それによって、相手との距離を縮めることができるのです。

知らない話題でもボールを返そう

まったく興味のない話や知らない話をされたときは、どうしたらいいでしょうか？

たとえば、「昨日、競馬で3連単当てたんだよ！」と言われたら…。

競馬のことをまったく知らないということを始めに断ったうえで、何か質問するようにしましょう。

「競馬のことよくわからなくてすみません。でも、3連単って、すごいことなんですよね？」

「競馬はあまり詳しくないのですが、どこの競馬場ですか？大きいレースですか？」

親しい間柄なら、「競馬のことよく知らないけれど、どのくらい儲かったの？」と聞いてもいいかもしれませんね。始めに、競馬のことはよくわからないと告げておけば、的はずれなことを言っても、許してもらえます。そのうえで、質問してみるといいでしょう。

とにかく、相手からのボールを投げ返してみることです。


自分の知らないことを相手が話しかけてきたときは、自分の世界を広げるチャンスだと捉える事が、会話を弾ませるコツです。退屈な話題だと思っても、思いがけない方向へ広がりを見せたり、後日、仕事のうえで役に立ったりすることもあります。

以前、講演で地方に行ったとき、迎えに来てくれた方が、建具屋をしているとおっしゃいました。建具の知識はなかったので、「建具というと、ふすまや障子のことですよね？」と確認すると、会場に着くまでの30分間、興味深いことをお話ししてくださいました。

「近頃は、和室が減ったために障子の需要が少なくなってしまったけれど、外側はアルミで室内は木製の、丈夫で、しかも和室の雰囲気を壊さない障子がある」ということなど、退屈しないどころか、貴重な話をうかがうことができました。

仕事先で、どんな話題が出ても応じられるようにするには、好奇心旺盛に生きることです。今は、さまざまな手段でニュースや情報を手に入れることができます。本や雑誌を読んだり、音楽を聴いたり、電車に乗ったら車内吊りの週刊誌の見出しもチェックしておくといいですね。広告だって、貴重な情報源です。

どんなものが流行っているのか、どんなことが社会問題になっているのか、話題のスイーツやレストラン、ファッションなどにもアンテナを張り巡らせておくと、知らないことが話題に上っても、自分なりに質問することができます。それが、ビジネスチャンスを生み出す力になるはずです。

早口言葉の練習

マグマ大使のママ
マママグマ大使

「マグマ大使のママ」は言えると思いますが、その後に「マママグマ大使」を続けて言うと、スラスラ言えないかもしれませんね。「ママ」「マグマ大使」と、少し間をあけて言ってみると言えますよ。言えたら滑らかに続けて言えるように練習してみてください。コツをつかんだら３回続けて言ってみましょう。

呼び方で変わる人間関係

呼び方は大切

私の話し方教室に通ってくださる大手企業を定年退職した男性が、先日、地域の新しいサークルに入ったのだそうです。上手な自己紹介の仕方に従って、みなさんに「よっちゃんと呼んでください」と言ったところ、駅前で若い女性から「よっちゃん」と声をかけられ、恥ずかしかったと照れ笑いしていました。新しいサークルの居心地は、すこぶる良さそうでした。

愛称で呼ばれると、親しみがわいてくるから不思議です。

相手をどう呼ぶか、呼び方一つで、相手との距離を縮めることができます。たとえば、感じが良くて、親しくなりたいと思う異性がいたら、距離を縮めるための一つの方法として、呼び方を変えてみることをおすすめします。

たとえば、鈴木啓二さんという人がいたとしましょう。私が、「鈴木さん」と呼んだら、私のことも「村松さん」と呼ぶでしょう。信頼感が生まれて少し親しくなったら「啓二さん」と呼んでみましょう。相手も「真貴子さん」と呼んでくれるかもしれません。

もっと親しくなりたいと思ったら、「啓ちゃん」と呼ぶことです。相手も「真貴ちゃん」と応えてくれるかもしれませんよ。もちろん、職場でいきなり「啓ちゃん」ではスピード違反です。呼び方とともに、上手に相手との距離を縮めることがコツです。

知り合いのデザイナーは、人懐こい性格で、新しい職場に配置されても、すぐにみんなと打ち解けることができます。いつも明るくニコニコして仕事もできるので、職場の雰囲気になじめるのです。

あるとき、彼女は、部長に向かって、「おじさーん、りんご剥けましたよー」と、いつものように言ったら、職場の人たちが失笑し、「いくらアットホームな雰囲気でも、〝おじさん〟という呼び方はやめたほうがいい、外部の人が聞いたら変に思うから」と言われたそうです。

職場の雰囲気によって、その人の性格によって、またそれぞれのシーンによって呼び方にもいろいろなバリエーションがあります。仕事の場とそうでない場とで、けじめをつけて使い分けることが大事です。

職場では、役職名で呼ぶのが一般的ですが、課長が何人もいる場合は、「秋山課長」と、名字もつけたほうがいいですね。外部の人に対しては、上司であっても、役職ではなく名字を呼び捨てにすることが礼儀です。

「申し訳ありません。ただ今、秋山は席を外しております。間もなく戻りますので、しばらくこちらでお待ちいただけますでしょうか？」

商談など外部の人に対する場合は、相手の名前を覚えることはもちろんですが、役職名も間違えずに呼ぶようにしましょう。そして、新製品を紹介する場面でも、「吉永部長、これが私どもの新製品です」というように、折に触れて相手の名前に肩書きをつけて呼びかけると、好印象を与えていいですよ。

もし、相手と自分の位置関係がわからなかったら、丁寧な言葉で応対すれば失敗しません。

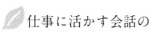

自分の呼び方にもバリエーションがある

英語は、自分のことは「I」、相手は「You」で済みます。でも、日本語の場合は、相手によって自分の呼び方を変えています。話し言葉、書き言葉も含めると、「わたし・わたくし・あたくし・あたし・僕・俺・わし・小生・小職・おいら・あたし・あたい・手前」など、たくさんあります。時代劇を見ると、「拙者」という言い方も出てきます。このように一人称の言い方が多彩なことが、日本語の特徴です。

同じように、二人称も「あなた・あんた・君・おまえ・貴女・貴男」などがあります。欧米の言語の人称代名詞と日本語の人称代名詞を一概に比較することはできませんが、日本語の場合は複雑だと言えます。

そこから見えることは、日本語は、つねに相手との上下関係を意識した考え方の上に成り立っているということです。どちらが年上か、あるいは目上かということを即座に判断することが求められているのです。

上下関係を重んじる日本語の面白いところは他にもあります。相手が目上の場合は役職名で呼ぶことができますが、下の場合は役職名で呼ぶことはできません。たとえば、「部長・課長・係長」と呼ぶことはできますが、「おい、部下」とか「おい、課員」のように呼ぶことはできませんし、しませんね。

親族名称も同様です。年上の人に対しては、「伯父（叔父）さん」「伯母（叔母）さん」と、呼ぶことはできますが、「甥さん」「姪さん」とは言いません。

さらに、だれを中心に捉えているかによって、自分の呼び方が変わるのも面白いところです。

たとえば、子どもが生まれたら、母親は自分のことを「ママ」と言ったり「お母さん」と言ったりします。祖母は「おばあちゃんが抱っこしてあげる」というように「おばあちゃん」となり、祖父は「おじいちゃん」というようになります。だれを中心にしているかによって、自分や周囲の呼び方が変わってくるので、日本語は、一人称が多彩だと言えるでしょう。

その一方で、我が子に対しても、母親は「私」と言うべきだという意見もあります。

若い人の中には、「自分は、コーヒーにします」というように、一人称を「自分」という人がいますが、ビジネスシーンでは、男性も女性も「わたくし」を使うことをおすすめします。「わたし」よりも品格があり、仕事における信頼感もアップするでしょう。

良好な人間関係を築くためには、自分や相手の呼び方に気を配り、その距離を徐々に縮めていくことがコツなのです。

早口言葉の練習

マサチューセッツ州

「マサチュー」の「チュー」と「セッツ」の「ツ」を意識して発音するようにしてみましょう。言えたら５回続けて言ってみてください。

笑う門には福来たる

笑いましたか？ 笑わせましたか？

みなさんはきょう、何回ぐらい笑いましたか？ 大笑いしましたか？ 声は出さなかったけれど、可笑しくて笑ったという人もいるでしょう。逆に、1回も笑わなかったという人もいるかもしれませんね。

笑いには、さまざまな効能があります。大笑いすると、リラックスして自律神経の働きが安定し、ストレスを軽くしてくれます。さらに、鎮痛効果もあると言われています。脳内モルヒネとエンドルフィンという鎮静作用を持つ神経伝達物質が増加するので、痛みを緩和してくれるのだそうです。しかも、薬と違って副作用はないので、元気になるためには上手に「笑い」を取り入れることがコツです。

笑うことで前向きな考え方ができるようになります。仕事に行き詰まったとき、人間関係で憂鬱になったときこそ、務めて笑うようにすることが大切なのです。

そんな笑いを提供してくれる人、みなさんの周りにいますか？

打ち上げなどの飲み会で、面白いことを言って笑わせてくれる人がいると、雰囲気も明るくなりますね。笑いは、人と人との潤滑油であるとともに、仕事の効率を上げる力もあります。営業トークには必須アイテムです。

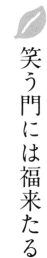

でも、人を笑わせることは、じつは難しいことなのです。

先日、私の話し方教室で、「みんなが笑える面白い話、おかしい話をみつけてきてください」という宿題を出しました。もちろん、だれかが傷つくような内容はいけません。

すると、「面白いことをいろいろ探したけれど見つかりませんでした」「みんなが笑えるような話を見つけるのは難しいです」という声が返ってきました。

なぜ、この宿題を出したかというと、論理的にわかりやすく話したり、状況を詳しく説明したりすることはできるのに、話に面白味のない人がけっこういるからです。

たとえば旅行に行った話をしたら、どんな所を巡ってきたか、どんな豪勢な料理を食べたかなど、その土地で見聞したことの報告に終始してしまうのです。こういう話は、聞いていてあまりおもしろくありませんね。

「あ、そう。贅沢な旅行してきて、良かったね」と、嫌味に受け取られかねません。

話の中に「笑い」の要素がないのです。そういう人は、職場でも家庭でも、なかなか笑いを提供することができません。

「笑いのアンテナ」を立てよう

では、どうしたらいいかというと、「何か面白いことはないかな？　何か笑える話はないかな？」という「笑いのアンテナ」を立ててみることです。

ユーモアのある話やウイットに富んだ会話は、一朝一夕でできるものではありません。つねに「笑いのアンテナ」を立てて感性を磨いていないと、面白いこと、楽しいことをキャッチできないからです。

「笑いのアンテナ」を立てたら、さまざまな方向へ向けてみましょう。家族や友人の会話の中にも、笑いのタネはありますよね。

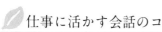

私のアンテナは、新聞や雑誌にも向けられます。読者の投稿には笑えるものがあるからです。この前大笑いしたのは、「利用している駅のトイレがリニューアルし、『滝のおトイレ』になったというアナウンスが流れていたので、どんな滝か期待しながら入ったら、『多機能トイレ』だった」というものです。

また、ある母親の投稿には、「中学生の娘が国語のテスト用紙を笑いながら見せてくれた。そこには、『職員室中で笑わせてもらいました』と、先生からメッセージが添えてあった。それを見て私も大笑い。「憤り」の読み方が、「ふんづまり」と書いてあったから」と、ありました。これにも大笑いしました。「憤り」という読み方はわからなかったけれど、「憤慨」の「ふん」という読み方につられて「ふんづまり」と、苦しまぎれに書いたのかもしれません。採点した先生や答案用紙を見た本人のことを想像すると、思わず笑ってしまいます。

こんな楽しい記事を見つけると、だれかに話してみたくなります。話した相手も笑ってくれると、さらにおかしさがこみあげてきます。このように、心地よい罪のない笑いを見つけることが大事です。だれかを傷つけるような笑いは、かえって嫌われてしまいますから。

以前、足の不自由なお年寄りが横断歩道を渡ろうとした際、よろけて転びそうになったので、私が手を差し伸べて、手をつないでゆっくり歩いたことがありました。渡り終わったとき、その男性は私の顔を見て、

「きょうは、いい日だ。こんな若くて素敵なお嬢さんと手をつなぐことができて。でも、ボケちゃってるから、家に帰るころには、手をつないだことも忘れちゃうんですよ」

と、言いました。

この出来事を友人達に話したとき、「このおじいちゃん、ボケてないよね！」と言ったら、みんな

大笑いしました。たったひと言で、笑いの花が開くのです。日常の一コマも、ユーモア感覚が加わると、笑いのネタになるのです。

俗にいう「おやじギャグ」や「ダジャレ」も同様に、いつも考えていないとなかなか出ないものです。だれかを笑わせようとがんばることは、脳のトレーニングにもつながりますよね。

仕事の合間の上質な笑いは、仕事の効率も上げてくれます。笑うことは、生きる力と言えます。みなさんも、笑いのアンテナの感度を磨いて、周りに笑いを提供してみてください。

早口言葉の練習

殊勝な師匠の瀟洒な刺繍の収集

「シュショーなシショーのショーシャなシシューのシューシュー」と読みます。カタカナの部分の発音が紛らわしいですね。正確に早く言うためには、「シャ　シェ　シ　シュ　シェ　ショ　シャ　ショ」という発音練習をするといいですよ。上の歯と下の歯を、くっつかない程度に合わせ、その間から息を吐きながら発音します。

上手に断るコツ

クッション言葉を使いこなそう

夕方のニュース番組を担当していたころ、番組終了後、ときどきスタッフと食事をしたり飲みに行ったりしました。

1分1秒を争う報道番組ですからチームワークが大切です。でも、いつもそんな誘いを断るスタッフがいました。

「遠慮しておきます」

「パスさせてください」

いつしかみんな、彼を誘わなくなりました。

彼は、みんなと一緒に飲みに行くことが嫌だったわけではなく、たまたま風邪気味だったり、予定が入っていたりして都合が悪かったようですが、そのぶっきらぼうな断り方に不快感を抱かれてしまったようです。

気心の知れた職場の仲間ならいいとしても、仕事先からのお誘いなどをお断りするには、いわゆるクッション言葉を上手に使うことが大切です。

クッション言葉とは、次のような言葉です。

「せっかくお誘いいただいたのに…」

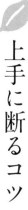

「本当に残念ですが…」
「嬉しいお誘いですが…」
「願ってもないことですが…」
「誠に残念ですが…」
「あいにく…」

ストレートな表現を和らげるのに効果がある、このようなひと言をはさむと、相手の受ける印象が変わります。

「せっかくお誘いいただいたのに申し訳ありません。残念ながらその日は外せない用事がありまして、参加することができません。また次の機会を楽しみにしています」

さらに「お声をかけていただいてありがとうございます」と、感謝の気持ちをひと言添えれば、なおいいでしょう。

断るときには、自分が断られた場合を想定して、言葉を選ぶようにすることがコツです。

また、相手に何かを頼むときには、

「おそれいりますが」
「お手数ですが」
「ご面倒ですが」
「おさしつかえなければ」

というクッション言葉をはさむと、仕事がスムーズに進みます。

相手も、「おそれいりますが」と言われると、何かしなければならないのかなと、心の準備ができるものです。

ビジネスには、相手の意見に反論しなければならないこともあります。そういうときも、「お言葉を返すようですが」「おっしゃることはわかりますが」というひと言をはさむようにするといいですよ。このひと言で、自分も冷静になれるからです。

断り方も前向きに

知り合いの一人暮らしの女性が、エアコンを買ったときのことです。いろいろ説明されてもよくわからず、疲れてしまい、結局、誠実そうな感じのいい店員さんのいるお店で買うことにしました。息子と同じぐらいの年ごろの店員さんと意気投合し、お店で世間話までしてご満悦で帰ってきたそうです。

彼女が感心したのは、帰り際の会話でした。エアコンを取りつける日の相談をした際、「あなたも来てくれるのでしょう？」と聞いたら、「はい、そうしたいのはやまやまですが、エアコンの取り付けは、私ではなく専門の者がうかがうことになっています。技術は確かですから、お任せください。都合がつけば私もうかがいたいのですが、職場を離れるわけにはいかないので…。エアコンをお使いになって、もし不都合なところがありましたら、お電話ください。すぐに駆けつけます。安心してお使いいただけるように務めてまいりますので、ご安心ください」

この言葉を聞いて、その女性は、ますますその店員さんのファンになったと言っていました。

考えてみれば、エアコンの取り付けにくるのは別の人に決まっているのに、彼は、申し訳なさそうに話してくれ、誠意に溢れた態度だったというのです。

私が感心したのは、その店員さんのはじめの返事です。

「あなたも来てくれるのでしょう?」と聞かれて、
「いいえ、私は参りません。エアコンの取り付けは…」

このように、「私は行きません」という同じ内容の答をする場合でも、まず「いいえ」という返事が返ってくるときと、「はい」という返事が返ってくる場合では、聞き手の受ける印象が異なるからです。とっさに「はい」という返事をすることで、店員さんのお客さまに対する姿勢が感じられるからです。

曖昧な返事がいいと言っているわけではありません。ビジネスは、「YES」「NO」をはっきりしなければならないことばかりです。でも、そこに相手の気持ちを思いやる心があれば、相手の心をつかみ、信頼を得て、ビジネスのチャンスが広がっていくのです。

相手の期待に応えられるようにしたい! その姿勢が、返事一つにも表れるのです。

早口言葉の練習

鼓　小鼓　小鼓　鼓
包み　小包　小包　包み

「小鼓」と「小包」は紛らわしいので、はっきりと発音しましょう。「ツヅミ　コツヅミ　コツヅミ　ツヅミ　ツツミ　コヅツミ　コヅツミ　ツツミ」と、読みます。これに「舌鼓(シタツヅミ)」を加えて「小鼓　小包　舌鼓」も練習するといいでしょう。

会議で意見を述べるコツ

意見の言い方のコツをつかもう

会議で自分の考えをしっかり伝えたり、自分の意見が通ったりすると、仕事にもやる気がわいてくるものです。逆に、自分の意見や考えていることを的確にまとめることができず、質問攻めにあい、しどろもどろになってしまったり、反対意見を言われて責められてしまったりすると、意見を言うのが怖くなり、会議に出席するのも気が重くなってしまいます。そんな経験をするとトラウマになり、会議のある日は憂鬱になり、なるべく発言しないでやりすごそうと考えてしまうかもしれません。

ビジネスに会議や話し合いはつきものです。議論を深め、充実した話し合いをするために、まず、自分の意見や考えていることを伝えるための基本を押さえておきましょう。

① 私は、…と思います。なぜなら、…だからです。

② 私は、○○さんの考えと同じで、…です。さらに付け加えるとすると、…ということがあげられると思います。

③ 私は、…という点では、A案に賛成ですが、…という点では、B案に賛成です。今のところ、どちらがいいとは言えません。みなさんの意見をうかがったうえで、判断したいと思います。

このようなパターンを頭に入れておくといいでしょう。

会議では論理的な話し方が求められますが、それは難しい言葉を使わなければならないということではありません。わかりやすい言葉で、わかりやすく伝えることができればいいのです。

わかりやすく述べるには、ポイントを絞ることです。自分の考えを次々につなげていくと、焦点がぼやけてしまいがちです。ポイントは三つぐらいに絞った方が、わかりやすくなります。

もちろん、自分の体験に基づいた話は、共感を得る力がありますが、さらに説得力を増すためには、その理由や根拠をわかりやすく述べるといいでしょう。そのためには、裏付けとなるデータや、専門家の意見など、客観的な視点を盛り込むといいですね。

会議で心掛けることは

会議では、人間関係を悪くしないための配慮も欠かせません。たとえ意見が対立しても、日頃から信頼関係があれば人間関係にひびが入ることはないと思いますが、それでも意見が対立すると、気持ちがエスカレートしてしまい、歯止めがきかなくなり、つい相手を傷つける言葉を言ってしまったり、相手のメンツをつぶすような発言をしてしまったりすることもあります。

いったん口から出てしまった言葉には、消しゴムが効きません。取り返しのつかないことになってしまいます。会議をすることによって、職場の人間関係が悪くならないようにするために、次のことに気を配りましょう。

まず、意見は最後までしっかり聞くことです。

会議では、自分の発言だけではなく、意見を聞く態度にも気をつけましょう。自分と異なる意見を言っている人がいると、不愉快な顔をしたり、うつむいたりして意見を聞きたくないという態度をとる人もいます。そんな態度をとると反感を買ってしまいます。

また、意見を言っている途中で、それを遮ったり、ブツブツと文句を呟いたりするのは、雰囲気を悪くして会議の進行の妨げになります。

逆に自分と同じ意見だったりすると「その通り！」と、声に出してしまう人もいますが、反対意見の人の反感を買うので、やめた方がいいですね。自分がされたら不愉快なことは、相手にもしないことです。発言者の意見に賛同する場合は、頷くなど、自然な形での意思表示があると、発言する人にとってても心強いものです。

もっとも困るのは、意見が対立してしまい、会議が紛糾してしまった場合です。打開の糸口を探すことはなかなか難しくなります。人間関係を悪くしないためには、相手のメンツをつぶさないように気をつけましょう。

そのためには、自分の意見が絶対に正しいと思っても、少し控えめに言うことがコツです。

「私はこのように考えますが、いかがでしょうか？」

反対意見を言うときも、相手の意見を否定しないように言うこともコツです。

「あなたのおっしゃる…という意見もわかりますが、私はやはり、…の方がいいのではないかと思います」

このように、あなたの意見のここは賛成できるけれども、私はやはり、こういう理由で、こちらの方がいいと思うのですが、いかがでしょうかと、歩み寄る姿勢を見せることがポイントです。

会議の場でも求められる力は、キャッチボールの技術です。相手の意見に耳を傾け、自分の意見をわかりやすく伝えながら、議論を深め、総意としてまとめあげていくからです。

大勢の前で
堂々と話そう

心構え

話し方の癖を知る

「あのー　えー」にご用心！

口癖について考えてみましょう。

「えー　ただいまご紹介にあずかりました　村松と申します。あのー　先ほどから　えー　話題になっています　えー　新製品ですがー　あのー　我々の　チームが　総力を挙げて　えー　開発したものでございます」

大勢の人を前にして話したり、あらたまった席で挨拶したりする場合、耳障りなのが、「あのー」「えー」ではないでしょうか。自分の名前を言うときでさえ「えー　村松です」と言う人もいます。一度気にしだすと、何回「えー」と言ったか数えたくなるほど気になるものです。数回程度なら気になりませんが、あまりにも多いと、聞きづらく感じ、聞いている方の集中力が切れてしまい、話の内容が伝わらなくなってしまうこともあります。

話し上手になるためには、聞き手との間に入って邪魔をする「えー」「あのー」を言わない話し方をする必要があります。では、どうすれば、言わないようにできるのでしょうか。

それは、「言わないように気をつける」ことです。自分で心掛けるようにすることです。と、言ってもなかなか難しいものです。「えー」と言わないように気をつけて話そうと思った矢先、「えー　みなさん」と、つい言ってしまうから始末に負えないのです。

なぜ、「えー」や「あのー」と言ってしまうのでしょうか。

それは、人前で話すとなると、上手に話さなければならないというプレッシャーがかかり、それが、「えー」という音として発せられるのではないでしょうか。次に何を話そうか考えながら話しているというサインでもありますし、まだ話は続きますよというサインでもあります。突き詰めていくと、「間《ま》がこわい」からなのです。

私の話し方教室の生徒さんでも、「えー」とつい何回も言ってしまう人がいます。そういう人には、もう一度同じ話を「えー」と言わないようにして話してもらいます。はじめは何度か「えー」と言ってしまい、「あ、また言っちゃった！」と苦笑いをしますが、しだいに少なくなります。すると、話し方のテンポが変わってきます。

ゆっくり話すようになるので、適度な間《ま》が生まれ、聞きやすい話し方になるのです。

「みなさん初めまして、えー私は…」この「えー」を言わないことによって、自然と間《ま》が生まれます。

「みなさん初めまして。私は…」というように「、」を「。」に変えることで、わずか1～2秒ですが、間《ま》が生まれます。これが話し方を劇的に変えてくれるのです。しかも話の全体の長さは、それほど変わりません。

「えー」や「あのー」を「間《ま》」に変身させることが、話し上手になるコツなのです。

「～なのですが　～なんですけれども」にご用心！

「昨日、久しぶりに東京駅に行ったんですが、いろいろ変わっていてびっくりしたんですけれど、とくに新しくできた東京駅一番街に行ったんですが、私の好きなスイーツのお店がたくさんあって何を買おうか迷ってしまったんですが、結局、新幹線に乗り遅れそうになったので、買いませんでした」

このような話し方を、みなさんはしていませんか？　あるいはよく耳にしませんか？　実は私は、話し方教室で授業をしていて、自分がこのように話していることに気がつき、愕然としたことがあります。

「～なのですが」というのは、「逆のことを述べる接続詞（逆接）」ですが、「そして」とか「そうしたら」という順接続詞として使ってしまいがちです。

「財布を落としてしまったのですが、どうしたらいいでしょう？」と、言う場合は気になりませんが、「～なのですが」を何回も重ねることによって、話が冗長になり、何を言おうとしているのかわかりにくくなってしまいます。

これを避けるためには、文章を短くすることです。

「昨日、久しぶりに東京駅に行きました。いろいろ変わっていてびっくりしました。とくに新しくできたイーストショッピングセンターに行ったら、私の好きなスイーツのお店がたくさんあって、何を買おうか迷ってしまいました。結局、新幹線に乗り遅れそうになったので買いませんでした」

このように、「主語＋述語」という短い文章の組み合わせで順序立てて話すようにすると、わかりやすい話し方になります。

書き言葉は、修飾語がたくさんついた複雑な構文でも、文字としてとらえるので理解できますが、話し言葉は耳から入ってくるので、文章が長くなると意味をとらえにくくなってしまうのです。

ダラダラと切れめなく話していると、自分が何を言いたいのか見失ってしまうこともあります。話すときのポイントは、つねに「主語」は何だったのかを念頭において話すようにすると、わかりやすくなります。

自分の話し方の癖を知ることが、話し上手になるための近道なのです。

早口言葉の練習

骨粗鬆症の訴訟に勝訴した

NHKの「きょうの料理」で「骨粗鬆症にならないための料理の特集」をしたことがあります。「こつそしょうしょう」と、滑らかに言えるか不安でした。「ソショーショー」が難しいので、「ソ」の次の「ショー」という音を意識して発音するようにしました。みなさんも練習してみてください。

信頼感を与える話し方

語尾は下げて話すように！

先日、女性の方たちを対象に、イキイキ生きて、しっかり仕事をするための話し方について講演したときのことです。

まず、数人の女性にステージに上がって話してもらったのですが、その話し方を聞いてびっくりしました。ほとんどの女性が、語尾を不自然に上げて話すからです。

「村松真貴子と申し**ます**。一生懸命がんばり**ます**。どうぞよろしくお願いし**まぁす**」

太字で表した語尾の「ます」という部分を尻上がりに発音しているのです。しかも句点（。）のところに「間《ま》」がないので、聞いている人が名前を認識する前に話し終わっている感じでした。

1対1で話しているときはそうでもないのに、大勢の人を前にして話すと、テンションが上がり、語尾を上げる話し方に変身してしまうようです。

これは、アイドルタレントの話し方に似ています。舌ったらずで可愛らしく、元気な印象を受けます。でも、ビジネスの場では、「この人に任せて大丈夫かな?」と不安を抱かせる要因になります。

人前で話すとき、つい語尾が上がってしまう癖があると気がついたら、すぐに直しましょう。語尾をしっかり下げて話すようにすれば、落ち着いた信頼できる印象を与えるのです。

この傾向は、女性に限りません。若い男性の中にも、語尾をあげて話す人がいます。

ある新年会で司会を頼まれた若い男性は、司会用の原稿を読んでいるので、顔を上げず、ひたすら語尾を上げて話していました。「ありがとうございます」というひと言まで、語尾をあげて言うので耳障りでした。しかも早口なので、ご挨拶なさる方のお名前など、肝心のところが聞き取れません。

人前で話すのは苦手で恥ずかしいから、少しでも話している時間を短くしたいという表れなのかもしれません。

そんな司会者に、その場でアドバイスしてみました。

「ねえ、語尾を下げるようにして、普通に話してみたら?もっと落ち着いて聞きやすい話し方になりますよ」

この言葉に、キョトンとしていましたが、私が手本を示すと、納得したようで、さっそく試しました。すると、別人のように、落ち着いた大人の話し方に変わったので、会場から歓声と大きな拍手がおこりました。

人前で話す機会が多い人は、語尾が上がった話し方をしていないかどうか、一度チェックしてみることをおすすめします。

視線に信頼感をのせて話そう

ある新商品のお披露目会に行ったときのことです。新商品の説明をしている人の話し方が気になりました。私たちに配ったレジュメに沿って正確に話そうとしています。でも、その新商品に心ひかれないのです。むしろ、「大丈夫かな…」と、不安を感じてしまう程です。

それは、伏し目がちに話しているからだと思いました。自信がなさそうに見えるのです。机の上、あるいはレジュメに視線を落として話しているので、伏し目がちになってしまうのでしょうが、これでは聞いている人の心をつかめません。それどころか、不信感を抱かせてしまうことにもなりかねません。

新商品など、特に自信を持って紹介するときは、顔を上げて話さなければいけません。会場の方々の顔を見て、アイコンタクトをとりながら話すことが、商品への信頼につながります。

信頼感は、視線に乗って相手に届くのです。だから、伝えたいと思う人の顔を見て話すことが大事です。

大勢の人を前にして話すときの視線の送り方のコツは、「Ｍ字型」と「Ｓ字型」です。横に広い会場ならＭの字の型に、奥行きのある会場ならＳの字の型に、会場を見渡すようにして話すといいでしょう。

また、まばたきの回数が多すぎるという人も時々みかけます。まばたきが多いというよりも、話している間中、ずっと細かくまばたきしているのです。そういう人とは、目を合わせようとしてもなかなか合いません。まばたきによって視線を遮ってしまうので、どこを見ているのかわからないため、落ち着かず、自信なさそうに見えてしまいます。

では、視線に信頼感をのせて話すにはどうしたらいいかというと、鏡を見て話す練習をすることです。まず、鏡を見ながら自分自身に話しかけてみましょう。

「おはようございます。夕べもよく眠れました。きょうも一日、元気にがんばりましょう！」

このように簡単なメッセージでいいので、自分の顔を見ながら話す練習をしてみてください。

さらに、鏡の中の自分に向かって、新聞を読んで聞かせるのも効果的です。語尾の部分では、鏡の中の自分に視線を送るようにします。自分の顔を見たら、また新聞に視線を向けると、そこに「間《ま》」が生まれます。この自然な「間《ま》」が、聞きやすい速度につながります。

ちょっとした心掛けで、信頼感を感じさせる話し方ができるようになります。それがビジネスチャンスを生み出す力になりますよ。

早口言葉の練習

生麦　生米　生卵

昔から早口言葉といえば、「なまむぎ　なまごめ　なまたまご」ですね。1回言うのは簡単ですが、何回も続けて言うのは難しいでしょう。同じテンポで何回も言う練習法としては、足踏みしながらこの早口言葉を言うことをおすすめします。大きく手を振って、足を上げ、その速度に合わせて「生麦　生米　生卵」と何回も言うのです。始めはゆっくりと、しだいに速度をあげて言うようにしましょう。体をほぐすことにもなり、いい運動になりますので、お試しください。

1分間にまとめて話してみよう

ストップウォッチを活用しよう

アナウンサーになるときに買ったストップウォッチは、かなり高価なものでした。今では数千円で買えますし、ストップウォッチ機能がついている携帯電話をお持ちの方も多いでしょう。でも、実際にストップウォッチを使っている方は少ないのではないでしょうか？　そこで、ストップウォッチを使って、話し上手になるための練習をしてみましょう。

ＮＨＫ学園やＮＨＫ文化センターの「イキイキ話し方教室」で授業の始めに行うことは、1分間の近況報告です。楽しかったこと、感動したこと、悲しかったこと、悔しかったこと、びっくりしたこと、耳寄りな情報などについて、1分間で話してもらうのです。

「えー！　1分間も話すのですか？　そんなに話すことありませんよ」

そうおっしゃる人が多いのですが、いざ話し始めると、1分間では収まらない人が多いのです。

「みなさん、こんにちは。近況報告と言っても、このところ変わったことは何もなくて、毎日同じように過ごしていますが、きょうは暑くて、頭がボーッとして、話がうまくまとまりませんが…。でも、こんな話をしていいものかどうか、自慢話になってしまって恐縮ですが、実は、えー、孫が絵画コンクールで金賞を受賞しました」

「孫が絵画コンクールで金賞を受賞した」という本題に入るまでに、30秒もかかっています。自分はそんな話し方はしていないと思う方もいらっしゃるでしょう。でも、本題に入るまでの前置きの長い話し方をする人は、案外多いのです。エンジンがかかるまで時間がかかるのです。

限られた時間内で伝えたいことを話すコツをつかむには、ストップウォッチを使って、1分間にまとめて話す練習をしてみるといいですよ。始めは、どんなことでもいいから、1分間という時間を意識して話してみましょう。

たとえば、こんな具合に、

「きょう異動してきた部長は、クリーム色のスーツにハイヒール、おしゃれでチャーミングな人だったのでびっくりしました。しかも、細かいことにはこだわらない豪放磊落という言葉がピッタリの人だったので、更にびっくり！　失敗を恐れず、自由な発想のもとに大胆に仕事をするように、ひとりひとりが輝いて仕事をすることがチームの力になると確信していると言っていました。これまでいろいろな人の挨拶を聞いたけれど、もっとも心に響く挨拶でした。今までは、失敗したらどうしようとビクビクしながら仕事をしていましたが、ちょっと冒険してみようかなという気になりました。やる気スイッチが入りました。私の目標とする先輩に出会えたような気がします。明日から、会社に行くのが楽しみです。がんばろうと思いました」

これでだいたい1分です。

練習の機会はさまざまなところにあります。取引先の担当者について、どんな人だったか、どんな印象を抱いたか。就寝前に、きょう一日を振り返って、きょうはどんな日だったか、仕事で褒められたこと、失敗したこと、がんばったなと思うことなどを、1分間トークしてみましょう。「である」調でもいいのですが、実際に人前で話すことを考えると、「です・ます」調で練習することをおすすめします。

公共の場では声に出すことはできませんが、心の中で呟くことはできますね。もちろん自宅に戻れば憚ることなく声に出して練習できます。

伝えたいことは何か

ポイントは、1分間でまとめるということです。聞きやすい話の速度の目安は、1分間で300～350字ぐらいです。大勢の人の前で話すときは、ゆっくりめに話した方がいいので、1分間に300字ぐらいが目安です。

文字数で考えると、1分間で話せる量は意外に少ないことがわかりますね。だから、〝伝えたいことは何か〟ということを、念頭に置いて話すことがコツなのです。「相手が聞きたいことは何か」ということを考えるようになると、要点を絞って話すことができるようになります。

次の話し方を比較してみましょう。

①「今、先方の担当者から電話がありまして、予算的に難しい点があるので、その点についてはこれから相談させてほしいということですが、こちらから提案した新しいキャンペーンの趣旨に

は同意してくれましたので、結論から言えばOKということです」

②「今、先方の担当者から電話がありまして、OKの返事をいただきました。こちらから提案した新しいキャンペーンの趣旨に同意してくれました。ただし、予算的に難しい点があるので、その点については、これから相談をさせて欲しいということです」

もっとも知りたい結論をまず伝えているのは、②です。的確な判断力で話を組み立てて、正しく情報を伝える力が、ビジネスの世界では大切です。

1分間トークの練習をすると、1分間で言いたいことを伝えられるようになるので、その場で、**話の足し算、引き算**ができるようになります。時間がなくなってしまったときに、とっさに話を短くしたり、反対に詳しい説明を加えることによって話を伸ばしたりできるのです。これは、結婚式の祝辞や、スピーチにも役立ちます。

ストップウォッチを活用して、話す力を磨いてください。

早口言葉の練習

アドレナリンとノルアドレナリン

神経伝達物質であるアドレナリンとノルアドレナリン。専門家はスラスラと口にしますが、実際に言ってみると、「アドレナリン」は言えても、「ノルアドレナリン」は言いにくいのではないでしょうか？　まず、「アドレナリン」を何回か続けて言う練習をした後、「ノル・アドレナリン」というように、「ノル」と「アドレナリン」の間を少し開けて言ってみましょう。

原稿は〝話す〟ように読もう

一つの文章は一つの息で話そう

「みなさま、こんにちは。本日は、お忙しい中お越しくださいまして、ありがとうございます。空を見上げると、いつの間にか鰯雲が広がり、季節は少しずつ移り、間もなく実りの季節を迎えます。みなさま、お変わりありませんでしょうか？　ただ今から、平成25年度、第5回役員会を始めます。」

あなたが司会者になったつもりで、この原稿を読んでみてください。どことなく、ぎこちない話し方になっていませんか？

ふだん何気なく人と話しているときは、自然なイントネーション（声の抑揚）や息づかいをしているので、不自然に聞こえることはありません。でも、「読もう」とすると、途端に自然な声の流れが失われてしまいます。

ちなみに、この文章を暗記して話してみてください。自然な口調で、違和感なく聞こえてくると思います。

人は、書いてある文字を読もうとすると、身構えてしまい、不必要な力が入って、不自然な読み方になってしまうのです。

たとえば「本日は、お忙しい中お越しくださいまして、ありがとうございます」と言う場合、「本日は、お忙しい中、お越しくださいまして、ありがとうございます」と、傍線のところだけ高くしてしまうのです。このように読むと、ブツブツ切れた不自然な話し方になってしまいます。

そうならないためには、一つの文章は一つの息で読むようにすることがコツです。「本日は、お忙しい中お越しくださいまして、ありがとうございます」と、一息で話してみましょう。息継ぎをしないで読んでみると、不必要な抑揚が消え、自然な話し方になります。私達のふだんの何気ない会話は、意味の塊を一息で話しているからです。

さらに、会話しているときの声の高低は、高い音から話し始めて、だんだんと低い音に落ちていきます。それは、水が高いところから低いところへ流れ落ちるようなイメージです。ですから、原稿も高い音から読み始めることがコツです。

一つの文章は、一つの息で高い音から低い音へと読むことが、自然な話し方をするためのコツなのです。そうすることで、読んでいるのではなく、話しているように聞こえるのです。そのためには、文章を短くするように心掛けるといいですよ。修飾語が多いと、意味の捉え方が難しくなるばかりか、一息で読めなくなってしまうからです。

意味を捉えることが大事

いま、ニュース解説で大活躍している池上彰さんと、NHKでニュース番組を担当していた頃、池上さんに「今読んだニュース、理解しないで読んでいたでしょ」と指摘され、ドキッとしたことがあります。スラスラと上手に読んだのですが、たしかに、意味の切れめをどこに置いたらいいのか把握しないで伝えていました。曖昧なまま文字を声に出していると、内容を理解していないことがバレてしまうのです。

こうしたことは、長い文章だけでなく短い文章でも起こりうることです。

たとえば「大きな兄の机」と書いてあったら、「大きな兄の、机」なのか、「大きな、兄の机」なのか、「大きな」という形容が兄にかかるのか机にかかるのか、前後の脈絡などから正確に捉えなければなりません。

「その子は信号を無視して走ってくるトラックにはねられてしまった」と言う場合、「その子は、信号を無視して走って来るトラックに、はねられてしまった」のか、「その子は信号を無視して、走って来るトラックにはねられてしまった」のか、事実を正確に把握していないと、とんでもないことになります。どこで区切って読むかで意味が違ってしまいます。

内容を把握しないで、いきなり声に出して読むと、曖昧な読み方になり、聞いている人に正しく伝わりません。ですから、まず内容を正確に理解することが大切です。理解することによって、句読点の位置が決まるからです。

朗読をする場合、初めに黙読が必要なのは、そのためです。いきなり声に出して読むことはしないで、内容を理解することが不可欠です。意味のまとまりを捉えることが、自然な話し方、読み方につながるからです。文字を追って何回も声に出して練習していても、意味を捉えていなければ、作品の良さは伝わりません。自分の息の都合で読んでしまうからです。

ビジネスでプレゼンテーションする場合も同様です。内容を理解しすべてを暗記して、説得力のある話し方ができればＯＫですが、自信がないときは、原稿を書くと安心します。その原稿は、話し言葉で書くことがコツでしたね。なるべく短い文章にすれば、一つの息で一つの文章を話すことができます。内容を把握しながら話すには、その情景やメカニズムなどをイメージしながら話せばいいのです。

文字を読もうとすると不自然な話し方になり、それは説得力を欠くことになってしまいます。原稿を読むときは、〝話しかけるように〟しましょう。

ビジネスチャンスをつかむためにも、日頃から、小説や新聞などを声に出して「話す」練習をしてみるといいですよ。

早口言葉の練習

アンリ・ルネ・ルノルマンの流浪者《るろうしゃ》の群れは、アンリ・ルネ・ルノルマンの落伍者の民と言い改めねばならぬ

「ラリルレロ」の発音は苦手という方も、いらっしゃるでしょう。自分の舌の先が上顎のどのあたりにあたっているか意識しながら発音してみてください。「R」の音に近くなっている人は、舌先が少し奥の方にあたっていることが多いようです。舌の先を、上の歯の歯茎のあたりにあてるようにするといいですよ。

司会をするとき

司会はコツをつかめば怖くない

会場とのキャッチボールに努めよう

社員研修会や定期総会、講演会などの司会を任され、どうしたらいいかわからずに困ったという方もいらっしゃるでしょう。参加者が多ければ多い程、司会者の力量が求められるので責任重大です。その会が成功するかどうかは、司会者にかかっていると言っても過言ではないでしょう。

まず、心掛けることは、しっかりと**開会する**ことです。

「司会などしたくない」「憂鬱」、そんな気持ちで臨むと、うつむいたままボソボソと話してしまい、会場はざわついたまま、開会したのかどうかもわからないような状態に陥ってしまいます。

そうならないためには、第一声を、ゆっくり、はっきり、大きな声で言うことです。

「みなさま、こんにちは。きょうは、お忙しいなかお越しくださいまして、ありがとうございます」。

このとき、「こんにちは」と言ったあと、すぐに話し出さないで、会場から「こんにちは」という挨拶が返ってくるのを待つようにしましょう。そのためには、会場の方々を見ながら、会場に向かってボールを放り投げるような感じで言うことがコツです。挨拶のキャッチボールができたら、その会はほぼ成功すると言ってもいいくらいです。

会場の人たちが司会者に注目している表れだからです。

「お待たせいたしました。ただいまから○○を始めてまいります。進行役を務めさせていただきます○○○○と申します。どうぞ、よろしくお願いいたします」。

会の名称も、ゆっくりはっきり言うようにしましょう。自分の名前も、モゴモゴと口ごもるような言い方をしないで、みんなが聞き取れるように言いましょう。それが、エチケットです。

なによりも決め手になるのは、表情です。つまらなそうな表情で話せば、声もつまらなそうになってしまいます。すると、隣の人とお喋りをしたりパンフレットを見たりして、司会者に注目しなくなります。こうなると、会場全体のモチベーションも下がってしまいます。嫌々ながら引き受けたとしても、気持ちを切り替えてイキイキとした表情で臨みましょう。そうすれば、声にも張りが生まれ、全体の雰囲気を盛り上げてくれます。

「不手際があるかもしれませんが、一生懸命務めてまいります。どうぞ、みなさま、よろしくお願いいたします」

「どうぞ」のあとに間《ま》をとって、会場の方々に向かって、しっかりと頭を下げると、拍手をいただけます。このとき、お辞儀をした途端、マイクロフォンにゴツンと頭をぶつけないように注意しましょう。そんなことするわけないと思うかもしれませんが、実際に私は何回か目撃しています。緊張のあまり頭をぶつけてしまうのです。半歩下がってからお辞儀をするといいでしょう。

このように、挨拶や拍手など、会場の方々とのやりとりができるように努めることがコツです。

敬称は来賓だけ、主催者は肩書きで

来賓や主催者の紹介の仕方も、悩むことが多いのではないでしょうか？　まず判断基準になることは、主催者か、そうでないかという点です。主催者側なら、敬称をつけずに肩書きで紹介することをおすすめします。

「それではここで、主催者を代表いたしまして、農業推進委員会の村松真貴子事務局長より、みなさまにご挨拶申し上げます」

あるいは、「開会にあたり、主催者を代表しまして、農業推進委員会事務局長の村松真貴子より、ご挨拶申し上げます」

このように紹介するといいでしょう。

来賓の場合は、肩書きと敬称をつけましょう。肩書きがたくさんある方は、あらかじめどの肩書きで紹介したらいいか確認しておきましょう。

「それでは、お忙しいなかお越しくださいましたご来賓の方々から、ご挨拶を頂戴いたします。まず、株式会社○○代表取締役社長でいらっしゃいます○○○○様にお願いいたします」

名前の読み間違いは失礼にあたります。くれぐれもご注意を！

また、ご挨拶が長いと、聞く方も疲れてしまいます。ご挨拶をいただく人数を先にお伝えしておくと、話す方も、聞く方も心の準備ができます。

「それでは、ご来賓の方々からご挨拶をいただきます。本日は大勢のご来賓がかけつけてくださいましたが、代表なさいまして5人のみなさまにお願いいたします」

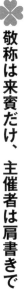

このように人数を先に告げておけば、挨拶する側も、話が長くならないように気を遣ってくれます。

また、ご挨拶いただいたあと、「○○様、ありがとうございます」というお礼のひと言も、心をこめて言うようにしましょう。

よく、口では「ありがとうございました」と言っていても、挨拶してくださった方の顔も見ず、おざなりに台本に目を落として言っている人をみかけます。

そういうとき私は、「今、本当にありがとうございました、って思いましたか?」と、たずねることにしています。すると、慌てて言い直してくれますが、たったひと言でも、心をこめて言えば表情や声に表れます。その姿勢が、会を実りあるものにしてくれるのです。

早口言葉の練習

引きにくい釘　抜きにくい釘
引き抜きにくい釘

この早口言葉をローマ字でかくと、「Hikinikuikugi nukinikuikugi hikinukinikuikugi」となります。これを見て、なにか気がつきましたか? すべての音が、子音と「i」と「u」の組み合わせになっています。つまり母音は「イ」と「ウ」ですから、口をすぼめたり横にひいたりして発音する音の連続なのです。それを意識して、はじめはゆっくりでいいので正確に言えるように練習してみてください。

結婚式の司会のコツ

まず取材をしよう

友人や職場の仲間に結婚式の司会を頼まれたら、慶事ですから快く引き受けたいものです。でも、自信がないという方もいらっしゃるでしょう。今回は、心に残る結婚式になるように、司会のコツをお伝えします。

司会をするためには、まず情報収集。新郎新婦から話を聞きましょう。メールや手紙でアンケートをするといいですね。

・いつ、どこで出会ったのか
・第一印象はどうだったか
・結婚を決めたのは、いつ、どんなことがきっかけだったか
・相手のもっとも好きなところは、どんなところか
・プロポーズは、いつ、どこで、どんな言葉だったか、何と答えたか
・相手のことをどう呼んでいるか
・結婚したらどんな家庭を作りたいか

・相手に望むこと、あるいはこれだけは止めてほしいということは何か

このような項目で、新郎新婦に答えてもらい、それをもとに話を聞いていくといいでしょう。アンケートは、新郎新婦にそれぞれ別々に答えてもらいましょう。時々、互いの記憶が違っていたり、認識不足だったりして、結婚披露宴で初めて相手の気持ちを知ったというケースもあり、面白いものです。

新郎新婦の取材をしたら、家族にインタビューしましょう。誕生の瞬間や子どもの頃の思い出、どんな家庭を築いてほしいかということを、両親にうかがい、作文や絵などがあったら、当日みなさまに披露しながら、両親にひと言インタビューすることもおすすめです。祖父母や兄弟姉妹にもお話をうかがえたらいいですね。披露宴はどんなことが起こるかわかりません。料理が間に合わないからその間をつないでほしいときもあります。そういうときに、この事前取材は役に立ちます。

もちろん、他界したり離婚したりして両親がいない場合もありますし、家族のことには触れてほしくない場合もありますから、配慮しながら、上手にアプローチしましょう。

近頃は、媒酌人を立てず、司会者が新郎新婦の紹介をすることもよくあります。ありきたりの紹介ではなくて、新郎新婦の人柄が伝わるように紹介をすると、心に残る披露宴になります。

新郎新婦がどんな披露宴にしたいと思っているのか聞いたうえで、その望みを叶えられるように、会場の係とも打ち合わせをするといいでしょう。列席されたお客様に、「来て良かった」と思っていただけるようなひとときを目指しましょう。

第一声は、ゆっくりはっきりさわやかに！

「みなさま　こんにちは（こんばんは）」

この第一声を、落ち着いて、会場のお客様全体を見ながら言うことがコツです。招待者が多く、会場も広いと、緊張感も増しますし、会場がざわついているようなら尚のこと、開始のひと言は重要です。「みなさま」というひと言を、原稿を見ないで、笑顔で、遠くへ投げたボールが放物線を描くように声を出すようにしましょう。自分が考えているより、幾分大きな声を出すように心掛けてください。そして、少し間を取ってから「こんにちは」と挨拶しましょう。会場の方々が、その声にハッとする感触をつかめるはずです。

みなさんに注目されたら、「お待たせいたしました。ただ今から新郎〇〇、新婦〇〇、お二人が入場いたします。盛大な（温かい）拍手でお迎えください」と、ここもゆっくり言いましょう。

事前に、招待状などで、両家主催か、新郎新婦主催の披露宴か、確認を忘れずに…。

「本日はお忙しい中、お越しくださいまして、ありがとうございます。ただ今から、〇〇家、〇〇家の結婚披露宴を始めます。私は本日の司会を務めます〇〇と申します」

ここで新郎新婦と自分との関わりなどを簡単に紹介し、

「不慣れではありますが、一生懸命務めますので、どうぞ、よろしくお願いいたします」

と言ってから、しっかり頭を下げましょう。このとき、拍手をいただけたらしめたもの！お客様とのキャッチボールがうまくいった証しです。

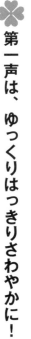

「それでは、まず新郎新婦から、みなさまにご挨拶を申し上げます」

私が司会を務めるときは、新郎新婦から、お越しくださったことに対する感謝の気持ちと、楽しんでいただきたいという思いを言ってもらうようにしています。もちろん無理強いはしません。二人も緊張していますから。

一般的な流れとしては、新郎新婦の紹介をしたあと、主賓の挨拶、乾杯と続きます。あとは、新郎新婦や式場の担当者と相談して進めていくといいでしょう。

結婚式では、忌み言葉がありますので、使わないように気をつけてください。たとえば、「ウェディングケーキを切っていただきましょう」はダメです。「切る」「終わる」などの言葉は使ってはいけません。「ウェディングケーキに、ナイフを入れていただきます」と言えばいいですね。

このとき、「カメラをお持ちの方は、どうぞ前へお進みください。写真を撮るときに、新郎新婦にひと言声をかけていただきますと、おふたりの目線が揃うかと思いますので、どうぞよろしくお願いします」と言うといいですね。

結婚披露宴の司会は、「おめでとう」という気持ちを抱いてあたれば大丈夫。会場のみなさまと一緒に楽しい雰囲気作りができれば、多少のミスも許されます。あまり気負いすぎずに新郎新婦の門出を祝ってあげてください。素敵な披露宴になれば、お開きになった後、司会者も幸せな気分になれますよ。

スピーチをするとき

スピーチの心得

スピーチで緊張しないコツ

1対1で話すときは緊張しないのに、大勢の人の前で話すとなると頭の中が真っ白になり、しどろもどろになって、言いたいことの半分も言えなくなってしまうことはありませんか？

ビジネスでは、スピーチ力が試される場がたくさんあります。

いくつかの企業が、各々プランを競い合うコンペティションでは、とくに説得力のある話し方が求められます。

人前で話すときに緊張しないようにするコツがあります。

まず、深呼吸することです。というと、大きく息を吸うことを思い浮かべるでしょう。でも、吸うのではなく、吐くのです。緊張しているときはまず息を吐くことに集中しましょう。ゆっくり長く息を吐き、もうこれ以上息を吐けないと思ったら、大きく吸いましょう。これを数回繰り返してください。緊張感がすべて消えるわけではありませんが、浅かった呼吸が少し楽になるはずです。

そして自分の番がきたら、慌てないことです。演台やマイクロフォンまでゆっくり歩くようにしましょう。焦って歩くと、前かがみになって姿勢が悪く、表情も険しくなってしまいます。

緊張しているときこそ、ゆっくり歩くことが心を落ち着かせることにつながります。ゆっくり歩くことで、余裕が生まれ表情も穏やかになるのです。

正面を向いたらお辞儀をしますが、このときも、「ゆっくり」を心掛けてください。くれぐれも「ながらお辞儀」はしないように。立ち止まりながら、正面を向きながらお辞儀をしないことです。しっかり正面を向いてから、お辞儀をするようにしましょう。緊張していると、早足で歩き、前を向きながらペコっとお辞儀をする人が多いのですが、緊張感を和らげるには、一つ一つの動作をゆっくり行うことです。そうすることで、心に余裕が生まれてくるのです。

そして、第一声も慌てずに、正面を向いてみんなの顔を見てアイコンタクトを取ってから、ゆっくり、はっきり、さわやかに、「みなさん、おはようございます」「みなさま、こんにちは」と、自分が抱いているイメージよりも幾分大きめの声で挨拶をすることで、落ち着いてくるのです。

このとき、聴衆から「おはようございます」とか「こんにちは」という挨拶が返ってくるように言うことがポイントです。挨拶を返してもらうには、すぐに話し始めないで、一拍おいて待っている姿勢をみせることがコツです。

挨拶も心のキャッチボールです。「いまから話しますよ」「いいですよ」というお互いの確認ができるとうまくいくのです。

心を軽くするひと言

深呼吸して、ゆっくり、を心掛けても、まだ緊張していてうまく話せそうもないと思ったら、はじめにひと言「緊張している」と言ってしまいましょう。

「私は、話が下手ですから、きょうのスピーチを考えたら、夕べ眠れませんでした。いまも心臓がドキドキして、うまく話せないかもしれませんが、どうぞよろしくお願いします」

このように、ひと言断っておくと、気持ちが楽になります。

緊張していると聞いて怒りだす人はいませんし、苦手なのだからと大目に見てくれます。ただし、いつまでも言い訳をしていると、聞いているほうも「いい加減にしろ！」となりますのでご注意を。

また、途中で話すことを忘れてしまったとき、みなさんならどうしますか？

「あれっ！　みなさんは冷蔵庫を開けて、何を取ろうとしたのか忘れてしまったことはありませんか？　実は、いま、私は、そんな気分です、何を話そうとしたのかパッと忘れてしまいました。すみません！」

こんなふうに告白して詫びている間に立て直しましょう。どうしても思い出せなくて話が続かない場合は、後にまわしてもらうといいですね。

以前、講演後、私を訪ねてきた男性がいました。うつむきかげんに話すその男性の額は、ハッと息をのむ程変形していました。脳梗塞で庭で倒れた際、額が石にあたり陥没骨折してしまったのだそうです。それまでは、人前で話すことも苦手ではなかったのに、いまは、視線が突き刺さり、人前に出ることさえ苦痛になったというのです。

そこで私は、はじめにひと言断っておけば気持ちが楽になるとアドバイスしました。

「みなさま、こんにちは。ご覧のように私の額は、庭で倒れた際、石にあたり陥没骨折してしまいました。おでこはへこんでいても、心はへこんでいませんからご心配なく」

このようにはじめに言ってしまえば、心が楽になりますし、聞いている人たちも、額が気になって気もそぞろということにはなりません。言ったらいけないのではないか、恥ずかしいのではないかと思ってしまうかもしれませんが、実はみんな、このような「心を軽くするひと言」には寛大です。

スピーチのピンチを救ってくれるひと言を上手に使えるようになると、仕事もうまくいくようになります。

早口言葉の練習

潜りつけりゃ潜りいい潜り戸だが
潜りつけなけりゃ潜りにくい
栗の木の潜り戸

「クグリ」という言葉が連続して出てきます。この中で「グ」という音は、鼻に抜ける柔らかい音、鼻音の「ク゜」になります。「潜り戸だが」の「が」も、「カ゜」の音で発音するとやわらかい響きになります。早口で言うことよりも、この鼻音をきれいに出せるように練習してみましょう。

上手なスピーチ原稿の書き方

スピーチ原稿は話し言葉で

スピーチは、なるべくなら原稿を見ない方がいいですし、せめて数字や固有名詞などのメモを見るくらいで話せるようになりたいものです。それを目標に、今回はどうしてもスピーチは苦手という方のために、スピーチ原稿の書き方のコツをお伝えします。

先日、ある会合で主催者を代表して感謝の言葉をおっしゃった方は、硬い表情で原稿を読みあげていました。感謝の気持ちが伝わってこないばかりか、本当に感謝しているのかと疑いたくなるほどで、聞き手の気持ちが離れていってしまうのを感じました。

なぜ、そうなってしまうのでしょうか？　感謝していると言っているのに無表情だと、不機嫌そうに見えてしまいます。声が小さいと、よく聞き取れません。余計な言葉が多いと、言いたいことがストレートに聞き手に伝わらないこともあります。

さまざまな要因が考えられますが、まず言えることは、スピーチ原稿は、書き言葉ではなく、話し言葉で書くようにするということです。

「本日は、ご多忙の中お運びくださいまして誠にありがとうございます。去る2月23日、全社員参加のもと、屋上にて大感謝祭を執り行いました折にも申し上げましたが、かように創業以来初の大幅な受注増加となりましたのは、ひとえに皆様方のご尽力の賜でございます。この場をお借りしまして、再度衷心より御礼申し上げます」

このように書き言葉で書かれた原稿は、上手に読んだとしても、冷たく聞こえてしまいます。原稿を書こうと身構えると、普段使い慣れない難しい言葉を使いたくなり、漢字の多い原稿になってしまいます。スピーチするときも、それを上手に読まなければとプレッシャーを感じるために表情も硬くなってしまうのです。

そこで、同じ内容を話し言葉で書くとどうなるでしょうか。

「きょうは、お忙しい中お越しくださいましてありがとうございます。2月23日に、全社員が参加して、屋上で大感謝祭を行ったときにもお伝えしましたが、このように創業以来初めての大幅な受注の増加となったのは、みなさまのご尽力のおかげです。ありがとうございます。心からお礼申し上げます」

この方が、言いたいことがストレートに伝わってきますね。

もちろん、オフィシャルな場では、それなりの言葉づかいが求められますが、基本は話し言葉で内容を組み立てることです。

スピーチ原稿の書き方のコツ

スピーチを依頼されたら、あらかじめどんなことを話したらいいか考えておくことはもちろんですが、まず次の三点について把握しておきましょう。

①どんな趣旨で開かれる会であるのか
②自分は、どんな立場でスピーチをするのか
③スピーチの時間はどのくらいあるのか

結婚式で祝辞を言うのであれば、新郎新婦のなれそめは知っておかなければならないし、受賞記念パーティなら、その人の功績やエピソードなどを交えてスピーチした方がいいですね。会社の創立10周年でのお祝いのスピーチなら、その会社の概要、業績などを下調べしておく必要があります。

そしてスピーチの持ち時間を確認しておくことも忘れずに。主催者は、挨拶は○分以内にしてくださいとは言いづらいので、曖昧な返答をすることもあります。そういう場合は、挨拶する人数をうかがっておくといいでしょう。ちなみにスピーチは3分以内に収めるのが無難です。

次に原稿を書くときのポイントについてお伝えします。

考えた内容を、Ａ４の用紙に横書きで書く人が多いと思いますが、少し工夫することで読みやすい原稿になります。

原稿を書くと、どうしても原稿を頼ってしまい、終始原稿に目を落としたままスピーチをしてしまったという方もいらっしゃるでしょう。原稿は書いても、なるべく原稿を見ないで話すことがコツです。とは言っても、丸暗記するのは難しいし、暗記したとしても途中で忘れてしまうことだってあります。

原稿を見ながらスピーチするのなら、語尾の部分だけでも聴衆を見ることが心をつかむ話し方になります。聴衆に視線を送ることによって、自然な間が生まれるからです。

そこで、スピーチ原稿を書くときは、横書きの場合、必ず文頭を左端に揃えるようにするといいですよ。つまり、文章の終わり、句点（。）がきたら、また左端から書くのです。こうすれば、もしどこを読んでいるかわからなくなってしまっても、左側だけを上から下に目で追えば探しているところが見つかります。

そして起承転結のような内容の変わりめでは、一行空けるようにしましょう。一行空けることによって、内容にも話し方にもメリハリが生まれ、スピーチ全体の長さを把握することもできます。

そうしたうえで、何回かスピーチの練習をすると、自分がどこで言葉に詰まってしまうのか、苦手な所がわかります。その部分が目立つように字を大きくしたり、カラーペンを使ったりして上手に話せるように工夫しましょう。

修飾語が多かったり、文章が長すぎると、言いにくかったり、聞いている側も理解しにくくなるので、短い文章を心掛けましょう。基本は「話し言葉」です。

スピーチに自信が持てるようになると、説得力のある話し方ができるようになります。相手の心を動かすことができれば、ビジネスチャンスも広がっていくのです。

早口言葉の練習

消防車《しょうぼうしゃ》　清掃車《せいそうしゃ》　散水車《さんすいしゃ》

三語とも、真ん中の文字の音（防・掃・水）を少し大きめの声で強調するように発音すると、言えるようになります。コツがつかめたら、三回続けて言えるようになるまで、口の動きを練習してください。

「何が言いたいの?」と言われないために

伝えたいなら主語+述語

「えー、つまり…、あのう…、そのう…、ですから…、あれ、何について話しているんでしたっけ?」

話していて、自分でも何を言っているのかわからなくなってしまうことはありませんか?

NHK学園の「心をつかむ話し方教室」で、「母親に感謝の気持ちを伝えよう」というテーマで話してもらったときのことです。母一人で大勢の子どもを育ててくれたことに感謝しているということを話したかったのに、話しているうちに、「あ、お味噌汁についても話したい」「口げんかしたことも話したい」と、次から次へと頭に浮かんだことを口に出しているうちに、結局何を言いたいのかわからなくなってしまい、聞いている方もついていけなくなってしまったことがありました。

思いが溢れて、言いたいことが次から次へと出てくると、頭の中で整理しきれずに、このような事態に陥ってしまうのです。

新聞や雑誌などは活字を読んでいくので、難しい内容なら理解するためにゆっくり読むし、読み返すこともできます。修飾語が多く長い文章でも、難解な言葉がでてきても、活字なら理解することができます。

それに比べて、話し言葉は、声に出した途端に消えてしまいます。テープのように巻き戻して聞くことはできません。思いついたことをつい言葉にしてしまうと、話が横道にそれてしまうばかりか、ダラダラと長くなってしまい、結局、言いたいことが伝わらなくなってしまいます。

大きな木を想像してみてください。幹について話したいのに、枝の部分が気になって、ついその枝について話してしまうと、その枝からまた話したい枝が出てきて、それについて話しているうちに、勝手に枝が伸びてしまい、なかなか幹に戻れなくなってしまうのです。

そうならないためには、「主語はだれか」「主語は何か」をつねに意識して、「述語」を早めに持ってくることです。主語と述語を意識するだけで、すっきりとしたわかりやすい話し方になります。

ふだん会話するとき、自分が話しているときはもちろんのこと、相手が話しているときも、主語と述語を意識してみましょう。すると、主語と述語がない話し方をする人が、案外多くいることに気がつくでしょう。逆に、主語と述語を意識している人の話はわかりやすいということに気づくはずです。

日本語は、主語と述語が離れています。英語は、主語の後にすぐ述語（動詞）がくるので主旨（言いたいこと）を理解しやすいのですが、日本語の場合、主語と述語が離れすぎてしまうと理解しにくくなってしまうのです。小説や新聞を読むときも、「主語と述語」を意識しながら読んでみるといいですよ。

話したことがそのままきれいな文章になるように

私は、東京都国分寺市で教育委員を12年間務めました。この間、小中学校の入学式や卒業式のたびに挨拶をしました。また大勢の方々の挨拶やスピーチを聞く機会にも恵まれました。式典では、原稿を読む方が多いのですが、当時、市長を務めていた星野信夫さんの祝辞は見事でした。原稿がありません。

もちろん、事前に頭の中で書いて（考えて）いるのでしょうが、原稿を手にしていないので、会場の方々を見ながら話すことができます。よく通る声で、表情豊かに、心に響くスピーチをするのです。しかも、間の取り方まで心得ています。

私がもっとも感心したのは、話したことをそのまま文字にしても、きれいな文章になっていることです。これは、アナウンサーでも至難の業です。私はシンポジウムのコーディネーターや、農林水産省などの会議で意見を述べることがありますが、後日、発言内容をテープ起こしした原稿を読んで、愕然としたことがありました。支離滅裂で、文章になっていないのです。「私はこんな話し方をしているのか！」と、ショックを受けました。

発言しているときは、声のトーンや口調、表情などで補っているのですが、ひとたびそれが文字化されると、何を言いたいのか、つかみにくいものになってしまうことに気がつきました。

録音機能のついた携帯電話をお持ちでしたら、自分のスピーチや会議での発言を録音してみてください。すると、「あのー」「えー」が多かったり、結局何を言いたいのかわからないような話し方をしていたり、いろいろな癖に気がつくと思います。

スピーチ上手、話し上手になるためには、自分が話していることが、そのまままきれいな文章になるように心掛けましょう。

そのためには、「てにをは」を間違えないようにすることと、主語を意識しながら話すことです。そして、述語を早めに持ってくることがポイントです。つまり、「主語＋述語」という短いセンテンスで話すことですね。

自分の考えを口に出す前に、ほんの少し頭の中で整理するようにしましょう。そうすることで、ゆっくりとした落ち着いた話し方にもなるのです。

さらに、接続詞の使い方にも気を配るといいですよ。「したがって、それで」などの順接、「しかし、けれども、ところが」などの逆説、「つまり、すなわち、要するに」などの換言を巧みに使えるようになると、わかりやすい話し方になります。

「何が言いたいの?」と言われないようにするために、自分の話し方を磨きましょう。話し方は、訓練することにより必ず上達します。相手に伝わる話し方は、ビジネスだけでなく、生きていくうえでも必須アイテムなのですから。

早口言葉の練習

チャウシェスク大統領による
チャウシェスク政権終末の序章

「チャウシェスク」が言いにくいという方は、「チャウ」は、口を縦に開けるように、「シェスク」は、口を横に引くように意識して発音するといいですよ。

「1対大勢」でも基本はキャッチボール

スピーチ上手になるコツはキャッチボール

会話はキャッチボールのようなものだと、よく言われます。相手の言ったことを受けて、自分なりに言葉のボールを返します。うまくいけば話は弾み、うまく返せなかったり、横取りしてしまったら、会話は途切れたり、横道にそれてしまいます。相手によって会話の内容も変わり、その日の出来事や気分によって反応が異なることもあります。私たちは、相手の言ったことに対して、自分の経験や知識や感性を総動員して、どんな言葉を返すか、一瞬にして言葉を選び出し、話しているのです。それは、コンピュータにも真似できない程の複雑な働きです。

ところで、大勢を前にして話すとなると、キャッチボールどころか、緊張してしまい、原稿を見ないと話せないという方も多いでしょう。でも、じつは、スピーチしたり講演したり、プレゼンテーションをする場合も、基本になるのは、聴き手とのキャッチボールなのです。キャッチボールを意識しないと、一方的な話し方になってしまい、自分の言いたいことがうまく伝わりません。逆に、聴き手とのキャッチボールを意識すると、話が多少拙くても、自分の思いや考えを相手に伝えることができるのです。話のキャッチボールという考え方は、「1対1」だけでなく、「1対大勢」の場合でも同じなのです。これを意識すれば、大勢の前でも上手に話せるようになりますよ。

たとえば、「みなさん、こんにちは。きょうはよろしくお願いします」という場合も、聴衆から「こんにちは」という挨拶が返ってくるように言うことが大事です。それは、「こんにちは」というボールを聴衆に投げる感じで言えばいいだけなのです。ボールの行く先である聴衆の顔を、「ボールがみんなに届いたかな…」と観察しましょう。すると、そこには、「1対1」の会話と同じように、自然な「間《ま》」が生まれます。この「間《ま》」が、「みなさんからの返球を待っていますよ」という合図になるのです。

次に話すことが気になって原稿に目をやっていては、キャッチボールはできません。仮に聴衆が「こんにちは」と返してくれても、聴衆の様子をしっかり見ていないと、それを遮って話し始めてしまったりして、キャッチボールにならないのです。

挨拶だけではなく、すべてにおいて、自分の言葉をしっかり受け止めてくれているかどうか気を配ると、話す力が養われます。難しそうなところでは、「おわかりになりますか？　もう一度ご説明しましょうか？」と問いかければ、聴衆はより一層注意して聞いてくれるものです。

もちろん、わかりやすく話す工夫も必要です。「1対大勢」の場合は、疑問に思っても聞き返すことができません。そのため、「それはどういう漢字？」「どういう意味？」と疑問を持たれないように、難解な言葉は使わないようにしましょう。また同音異義語もなるべく避けたほうがいいですね。耳で聞いてわかりやすい言葉で話すことがポイントです。日本語は、終わりまで聞かないと結論がわからないような構造になっていますから、語尾までしっかりと話すようにしましょう。

大勢を前にスピーチするときも、ふたりで会話しているときと同じように、つねに聴衆が自分の話を興味深そうに聴いているか、理解しているか気を配ると、聴き手とのキャッチボールができるようになります。それがスピーチ上手になるコツなのです。

聞き上手になるコツもキャッチボール

「1対大勢」の関係で、聞き上手になるためにも、キャッチボールがカギを握っています。話し方教室で教えていて、気になることがあります。それは、他の人が話しているときに、下を向いていたり、あらぬ方向に顔を向けていたりする人がいるのです。自分が話し終わると、ホッとして、他のことを考えてしまうのかもしれませんが、じつは、スピーチしている人をノセルためには、聴き手もグローブを構えることが必要なのです。

スピーチを聴くのも、キャッチボールが基本です。聞き手の態度によって、話し手のテンションは変わります。せっかく懸命に話しているのに、聴衆が下を向いていたり、よそ見していたら、話し手のテンションは下がってしまいます。良い話を聞きたいと思ったら、聴き手も良いキャッチャーになることが必要です。とは言っても、会話をしているわけではないので、「なるほど」「それで」などと、いちいち言葉で返せません。

では、どうしたらいいかというと、まず話している人の顔をしっかり見ることです。これが、グローブを手にして構えることになります。そして、相づちを打つことです。声に出さず相づちを打ったり、頷いたりすることで、グローブで受け取ったボールを話し手に返していることになります。相づちは、「あなたの話をしっかり聴いていますよ」と態度で示すことなのです。ギャグやダジャレなど面白いことに対して笑うことも、ボールを返していることになりますね。

そして、「なるほど」と思ったところはメモしたり、疑問に思ったら積極的に質問することも大事です。これは、相手の話を聞いたうえでの返球ですから、まさにキャッチボールなのです。記者会見などで時々見られるように、記者が聞き上手だと、会見する人もつい口が滑ってしまうこともあるのです。

「1対1」でも「1対大勢」でも、基本はキャッチボールなのだということをお忘れなく。私たちはみな、ピッチャーでありキャッチャーなのです。

早口言葉の練習

阿波へ藍買い　甲斐へ繭買い

藍の「イ」と繭の「ユ」の音をしっかり出すように意識して言ってみましょう。阿波の「ア」は顎をしっかり動かして、口を縦にあけて発音しましょう。意識しないと、顎の力は落ちてしまいますよ。

プレゼンをするとき

プレゼンテーション力を高める話し方

もっとも言いたいことは何か

ビジネスではさまざまなシーンで話す力が求められますが、あるイベントに向けて、数社がそれぞれプランを出しあって競い合う場では、いかに自社のプランが優れているか「説明する力」と「説得する力」が必要になってきます。

失敗しないためには、まずもっとも伝えたいことは何かを明確にしてから、話の組立てを考えることをおすすめします。

限られた時間の中でスピーチするわけですから、他社と異なる優れたところを伝えなければなりません。ところが、話し始めのコメントから考えてしまうと、肝心の伝えたい部分が希薄になってしまうことがあります。話の流れを組み立てるときは、もっとも伝えたいことからまとめて話しましょう。

「わが社の製品のもっとも素晴らしいところは、"安心、安全である"という点です」

このように〝安心・安全〟というキーワードを伝えた後で、具体的に、どう安心で安全なのかを伝えるといいでしょう。

キーワードは、ゆっくりはっきり言うようにしてください。特に馴染みのない言葉や専門用語などは、資料に書いてあっても、わかりやすく発音することを心掛けるといいですね。

優れた点が多数あった場合、全部伝えたいと思ってしまいがちですが、三つぐらいに絞った方が効果的です。

「わが社の製品の素晴らしい点は、三つあります。まず一つめは、安心・安全であるということです」

このような言い方をすると、聞いている方でも「要点は三つあるのだな」と、心の準備ができます。

素晴らしいということをアピールする気持ちが強いと、つい修飾語が多くなってしまいがちです。修飾語が多くなると、聞いている側の集中力が散漫になってしまいます。

「多くの皆様方のニーズにお応えしようと思い、わが社及び関連会社のえりすぐりのメンバーを集めたチームを作り、数えきれない程協議の場を重ね、ときには決裂してしまうようなこともありましたが、安心安全な物を作るという信念のもと、数年間に及び開発に開発を重ねた結果、わが社の技術力を総結集したこの製品は、わが国でもっとも、安心・安全であるということが、まず自信を持って言えることです」

このように、製品に対する思い入れが強いと、つい修飾語が長くなってしまいがちです。しかし、不必要な言葉が長いと、かえって逆効果です。

話し始めと終わりを決めておこう

もっとも伝えたいところがまとまったら、話し始めと終わりを考えておくといいでしょう。

「みなさま、初めまして。本日はこのような機会を与えていただいてありがとうございます。私は、株式会社〇〇の〇〇と申します。どうぞよろしくお願いいたします。それでは、さっそくご説明いたします。こちらをご覧ください」

この頃ではパソコンを使ってスクリーンに文字などを映してプレゼンテーションを行いますが、画面を使うと、発表者は画面ばかり見て話したり、机の上の原稿を読むことに集中し、下を向いて話したりすることが多くあるのですが、せめて話し始めは、参加者全員の顔を見て、挨拶してから話すようにしましょう。

このとき、印象を良くするためには、モゴモゴと口ごもるような話し方ではなく、みんなに聞き取れるように、ゆっくり、はっきり、爽やかに話すことがコツです。

そして、話の着地点も考えておきましょう。

「このように、いつ大災害がおこるかわからない時代には、安心で安全なわが社の製品をお使いいただければ、いざというときに役立ちます。なにより、〝使う人の立場に立って〟をモットーに開発してあります。手にとってお試しいただければ、その安心感がおわかりいただけます。どうぞ、〇〇をよろしくお願いいたします。きょうは、ありがとうございました」

このときも、聞いている人たちの顔を見て話すようにしましょう。聞き手の顔を見て話すと、自然と声に説得力がうまれてくるからです。説明する内容を熟知していれば、参加者の顔を見て話せるはずです。

数字や固有名詞など、間違えてはいけない事柄は、原稿を見て確認することも必要です。暗記しておくくらいの気持ちで臨みましょう。

さらに、配布した資料を見て説明する際は、聞き手の立場に立って話してください。

「資料の○ページをお開きください」と言って、すぐに説明を始めてしまう人がいますが、説明者はあらかじめ用意しているからページを開くことができますが、初めて資料を見る人は、ページを開くのにけっこう時間がかかるものです。

このようなときは、「よろしいでしょうか？」と、会場の様子を見回して、少し間をおいてから話し始めるといいでしょう。

こうした気遣いをすることも、プレゼンテーションには欠かせません。自信は声に乗って、聞いている人に伝わります。

本番に臨む前に、友人や家族などに聞いてもらい、アドバイスをもらうこともいいですね。

早口言葉の練習

瞬く間《ま》に温かくなる肩たたき器

「マタタクマニ　アタタカクナル　カタタタキキ」ひと目見てわかるように「タ」の音が続いています。「タ」は、上の前歯の付け根あたりに舌先をつけて、離すときに発する音です。舌を押しつける面積が広すぎると、歯切れが悪くなります。軽やかに発音できるように練習してみてください。

上手な「間《ま》」の取り方を身につけよう

「間」は命

各地で話し方の講演をしていて気になることは、司会者や主催者挨拶の話し方です。「間」がとれない人が多いのです。

台本に書いてある通りに上手に読んで司会をしていても、「間」を考えた話し方をしていないので、伝わってこないのです。主催者の代表として、その場にふさわしい内容を考えて話していても、「間」をとらないで話してしまうと、せっかく伝えようとしたことが、半分しか伝わらなかったりするのです。

何気ない普段の会話だと、自然と「間」がとれるのに、原稿を読まなければならなかったり、大勢の人を前にして緊張すると、途端に「間」がとれなくなってしまうのです。

では、なぜ話に「間」が必要なのでしょうか?

言葉を発して、それが相手の耳に届き、脳で内容を把握するまでには時間がかかるということです。相手が一人なら、その時間は短くていいのですが、大勢いればいる程、時間がかかります。と言っても、数秒です。ほんの数秒の「間」がとれるかどうかが、話の上手下手を左右するのです。

朝礼などで話すとき、「みなさん、おはようございます」と言ってから、すぐに話し始めないで、そこにいるスタッフの顔を見るようにすると、自然な**「間」**が生まれてきます。この自然な**「間」**を考慮してスピーチをするように心掛けることです。

レジュメを見ながらプレゼンするときも、「次に、資料1の冊子をご覧ください。資料1の7ページをお開きください」と言ったら、必ず**「間」**をとりましょう。全員が資料1の7ページを開いたかどうかを確認するくらいの余裕を持つことが大切です。そのためには、必ず目でみんなの様子を見て確かめることです。

このように、自然な**「間」**が取れるようになったら、次に心掛けることは、伝えたい内容や、キーワードの前で、しっかりと**「間」**をとる話し方です。同じテンポで単調に話していると、内容が伝わりにくいからです。

大切な言葉、伝えたい言葉の前で、少し**「間」**をとるようにしてみましょう。**「間」**があると、聞いている人は、「あれ⁉」と感じて、しっかり聞こうとするからです。

このように、話し方を磨くためには、**「間」**の取り方に気を配ることがポイントです。駆け出しのアナウンサーの頃、ナレーションやリポートするときも**「間は命」**だと教わりました。

「間」をとって話す練習をしてみよう

では、どのように**「間」**をとったらいいのかを具体的に説明します。大勢を前にして新商品の説明をする場合を例にしましょう。

ここでいう**「間」**は、3秒ぐらいだと心得て、声に出して練習してみてください。心の中で「1・2・3」と数える感じです。慣れないうちは、3秒は結構長いと感じるかもしれませんが、練習しているうちに、自然に3秒の間が取れるようになります。

「みなさま、こんにちは」（間…3秒）

「こんにちは」と言わない場合は、「みなさま」の後で**「間」**をとりましょう。特に会場内がざわついているときなどは、「みなさま」と言った後、しばらく黙っていると、ガヤガヤとした雰囲気がしだいに収まってきます。

このときの「みなさま」は、ゆっくり、はっきりとボールを遠くへ投げるように言うことがコツです。

「みなさま**（間）**本日はお忙しいなか、お越しくださいまして、ありがとうございます」**（間）**

このとき、「ありがとう」という思いを、言葉にしっかり込めて言うこともポイントです。口だけ「ありがとう」と言っているのに、表情が伴っていないと、ぞんざいに聞こえてしまうからです。会場の方達を見ながら言えば、自然な**「間」**が生まれます。

「ただ今から、新製品のご紹介をさせていただきます。**（間）**まずお手元の資料2ページめをお開きください。**（間）**ここに真っ赤なトマトの写真がありますが、これが、この夏に新しく発売するトマトです。化学肥料と農薬を使っていないのは、これまでと同じですが、なんといっても違うのは、**（間）**糖度です」

このようにもっとも強調したいところは、少し長めに**「間」**をとると効果的です。さらに強調したい言葉である「糖度」を、ゆっくりはっきり言うことがポイントです。

ただし、**「間」**を気にしすぎて、**「間」**ばかりとって話していると、単調な話し方になるばかりか、テンポが悪くなって退屈な話し方になってしまうので、注意してください。

テレビショッピングの商品紹介のようなしゃべり方も参考にするといいでしょう。でも、短い間であれば聞いていて疲れませんが、30分もの間、ずっとテレビショッピングのように力んで話していると、聞いている方が疲れてしまいますね。
安易に考えがちな**「間」**ですが、プレゼン上手になるための鍵を握っているのです。

早口言葉の練習

親亀《おやがめ》の上に子亀《こがめ》　子亀の上に孫亀《まごがめ》
孫亀の上にひ孫亀《まごがめ》

「親亀の上に子亀　子亀の上に孫亀」は、スラスラ言えるという方もいらっしゃるでしょう。でも、「ひ孫亀」が加わると苦手だと言う方が多いのではないでしょうか？「ひ孫亀」が「ヒマモマメ」になってしまいがちです。そういうときは、後ろの方から順に練習してみることをおすすめします。まず「ひ孫亀」と何回か繰り返して、口の動きを覚えるといいでしょう。早く言えるようになったら、「子亀の上に孫亀〜」から言い、これが言えたら、始めから言ってみると、スラスラ言えるようになりますよ。

わかりやすく説明するコツをつかもう

話のピラミッドを作ってみよう

先日、産業廃棄物処理業の講師養成講座で講演を頼まれました。聴き手は、「業務管理」について教えている方々です。「業務管理」の授業は、250頁もあるテキストを2時間で教えるのです。分量が多すぎ、つい早口になってしまいます。受講者からは「聞きづらい」「説明がわかりづらい」「話すスピードが速すぎる」という声が多いので、どうしたらいいかアドバイスがほしいということでした。

テキストは、図やグラフを活用して、理解しやすいように要点がまとめられています。でも、どう考えても、これだけの内容を2時間で話すのは無理があると感じました。

大勢を対象に話すときのスピードは、1分間に300字～350字ぐらいがいいと言われ、聴衆が増えれば増える程、ゆっくり話した方が聞き取りやすくなります。このテキストをその速さで説明したら、とても2時間では収まりません。そこで、やむなく早口になってしまうのでしょう。

プレゼンテーションなどでも同じことが言えます。話したい内容が多すぎると、時間内に収めなければと思うあまり、つい早口になってしまいます。

そこで、話の組み立てを考えるために、話したい項目を下から上に順番に書き出してみる〝話のピラミッド〝を作ることをおすすめします。

まずもっとも言いたいこと、結論を一番下に書いて、その根拠や裏付けとなるような説明をその上に、次に言わなければならない項目をその上に書き、順に積み上げていくのです。そして、ピラミッドを登るように、下から順に話していきます。時間がなかったら、上の方の説明は省いて、あとでテキストを読んでおいてもらえばいいわけです。

ピラミッドのタイトルも忘れずに言いましょう。「ここで伝えたいことは何か」を、まず伝えることで、聴き手の受け皿もできるからです。また、「テキストの太字の部分です」というように、重要ポイントを強調することも忘れずに。

このように〝話のピラミッド〝をあらかじめ頭に入れたうえで、余計なことを話さないようにすることが、時間内に収めるポイントです。こうすれば、大切な部分の説明をしっかりすることができますから、講義やプレゼンテーションをするときに説明不足を防ぐことになります。

この〝話のピラミッド〝は、スピーチを頼まれたときにも役立ちますよ。話の組み立てを描いておくことで、時間配分もでき、話が横道にそれることもなくなります。

理解したことを「伝える力」にするために

産業廃棄物処理の業務管理を教えている講師でベテランの方が、実際にどんなふうに授業をしているのか、見せていただきました。その方のテキストを見て、びっくりしました。カラフルなのです。しかも、びっしりと書き込みがしてありました。

必ず説明しなければならないところには、赤い線を引いたり、ここは忘れていけないという箇所には、緑のアンダーラインが引いてありました。"話のピラミッド"を、自分なりにカラーペンで記しているのですね。何度もテキストを読み込み、内容を確実に把握していることが伝わってきました。

このように、説明する場合は、まず自分がその内容をしっかり理解することが求められます。自分が理解していないと、他人にわかりやすく説明できないからです。

理解したことを、"伝える力"に転換するためには、「その事柄をまったく知らない人に説明するには、どうしたらいいか」という視点を持つことです。知らない人に説明するとしたら、どう話したらいいのかということを心掛けると、専門用語や難解な言葉も、わかりやすい平易な言葉に替えて話すようになりますね。

模擬授業をしてくださった方は、理解しにくい部分は、自分の言葉で解説できるように、余白部分に何か所も書き込みがしてありました。余白がほとんどないページもあった程です。かみ砕いた表現ができるということは理解が深まった証ですね。書かれてあることを、ただ棒読みしない工夫をすることが、説明力を増すことにつながります。

また、「聞きづらい」と言われないようにするためには、自分が考えているよりも、口を大きく開けて話すことがコツです。モゴモゴと口ごもった話し方をしていると、声が前に出にくいので、聞き取りにくくなります。モゴモゴ喋りの人は、口を大きく開けて話すようにしましょう。

これは、心掛けるだけではできません。鏡に向かって、口の開け方を意識して話す練習をすることです。特に、口を縦に開けて話すことがポイントです。日本語の母音「アイウエオ」の「ア」の音を、口を縦にあけるようにして発音してみましょう。顎を引く感じで、口を横よりも縦にあけて「ア」と言うのです。縦にあけて発音すると、音が明瞭に聞こえませんか? ところが、ほとんどの人は、「エ」の口で「ア」と言っているので、音がこもってしまうのです。

さらに早口にならないように気をつけて、聞いている人達の反応を見ながら話すようにしましょう。講義やプレゼンテーションも、聞き手とのキャッチボールです。聞き手が理解しているかどうか、頷きを確かめながら説明するといいです。

早口言葉の練習

よぼよぼ病　予防病院予防病室
よぼよぼ病予防法

「バビブベボ」の音が続くと、言いにくいものです。バ行は、両唇を一旦閉じて、息とともに唇を離して出す音です。マ行に比べて、唇を閉じる力が必要になります。年齢を重ねるにしたがって、甘くなる音です、口の周りの筋肉・表情筋を鍛えるために練習してみてください。

15秒スポットのすすめ

就活にもコマーシャルで

就職活動中の大学生から面接指導を頼まれることがあります。エントリーシートは通過したのに、いつも面接で失敗してしまうという学生がいます。声が小さかったり、口の中でモゴモゴと話し、なんと言っているのか聞き取れなかったりする人が多いようです。大勢の面接をしていると、試験官も疲れてしまいますから、聞き取れないというだけで、当然不利になります。

さらに自信のない話し方だったり、照れてしまい、不自然にへらへら笑いながら話したりすると、人柄は悪くなくても、誤解されてしまうのです。

自分の言いたいことをしっかり言えなかったり、質問に合った答え方をしていなかったりした場合は、やはり合格しづらいですね。面接試験とは、落とすための試験でもあるのです。

ですから、聞き取りやすい声の大きさで感じ良く話し、的確な答え方をすることは必須です。そのうえで、プラスアルファが必要になります。他の人と差をつけるためにおすすめなのが、その企業のコマーシャル、15秒（30秒）スポットを自分なりに考えてみるということです。

先日お会いした女子学生は、大変真面目で几帳面でした。そのままでも大丈夫だと思ったのですが、他の人より好印象を与え、「おや、なかないいね」と思ってもらうために、彼女が受ける企業のコマーシャルを作ってもらうことにしました。

コマーシャルのセリフを考えるのは、実は大変な作業です。たくさんあるその企業の特徴の中から、「これだ！」と思うところをピックアップし、端的に伝えなければなりません。しかも15秒という短い時間の中で表現するのですから、言葉を選び、抑揚のある話し方でインパクトを与える必要があります。

彼女がターゲットにしていたのは、キャメル珈琲です。よく駅ビルなどに入っている「カルディコーヒーファーム」という店舗を展開し、急成長しているところです。彼女によると、ちょっと暗く狭い店内に輸入食材などがうず高く積まれ、じっくり見ているとあっという間に時間が過ぎてしまい、美味しいものに出合えると嬉しくなり、友人に教えたくなるのだそうです。これを、15秒間でどう表現するか、考えてもらいました。

セリフを考えたら、今度は表現力をつけて話す練習です。彼女は、恥ずかしいと言いながらもがんばりました。迎えた最終面接試験ですが、せっかく考えたコマーシャルを披露することなく終わりそうでした。そこで勇気を出して、「すみません。自分なりに御社のコマーシャルを考えてきたので、ちょっと聞いていただけますか？」と披露したそうです。

「ワクワクドキドキ！　カルディは美味しさの宝箱、どんな美味しさに出合えるか、いつもワクワクします。あなたもカルディで、美味しいトキメキをみつけてください！」

試験官から拍手が起こりました。彼女は、もちろん合格しました。15秒スポットＣＭには、心をつかむ力があるのです。

仕事に応用　コマーシャルの力

これを仕事に応用しましょう。15秒のスポットをインパクトの強いものにするにはコツがあります。まず、その対象の特徴をつかまなければなりません。一番の強みは何かを把握したら、今度は的確な言葉で表現してみましょう。七五調でキャッチフレーズを考えるようにするといいですよ。七五調はテンポがあり、耳になじみやすいからです。

先日、「かんぶつマエストロ」の資格取得のための講座で、この15秒スポットを作ってもらいました。まず1分間で、乾物の特徴や良いところ、使い方などを話してもらいます。その内容を15秒に凝縮してもらうのです。1分間だと、あれもこれもと、いろいろと話せますが、その中でももっとも自分が言いたいことは何なのかを考えることで、大切なものが見えてきます。

それを、たとえばジャパネットたかたのCMのように、自分がテレビ画面で話す設定で披露してもらいます。始めのうちは、戸惑い、悩んでいましたが、コツをつかむと、次々と斬新なものが生まれてきて、一同感激！

「世界一硬い食品　鰹節。削ってしまえば世界一劣化の早い鰹節。だからこそ　お家で削ろう鰹節」

「昆布は日本人の味のふるさと。昆布の歴史を探ると、日本の歴史が見えてくる。ミネラル豊富な昆布を味わって　日本を知ろう！」

「ご飯のおいしさを引き立てる名わき役、それが、海苔です。海苔は今なお国産１００％で賄うことのできる食品です。海苔の美味しさを見直そう！」

この15秒スポットにまとめる癖をつけると、相手の心に残るビジネストークができるようになります。

　たとえば、

「安心・安全の土作り、真心あふれる農産物で、笑顔あふれる地域作りを目指します」

「旬の野菜に魚に肉、年齢に合わせた栄養とカロリーで、未来を担う子ども達の体と心を育てます。お弁当なら○○弁当を！」

と、こんな具合です。

　テレビ、ラジオのコマーシャルも、漫然と見るのではなく、インパクトはあるか、盗める技はないか、そんな観点から見てみると面白いですよ。

早口言葉の練習

生麦《なまむぎ》　生麦わら　三《み》生麦わらに
六《む》生麦わら

「ミナマムキ゜ワラ」と「ムナマムキ゜ワラ」が言いづらいと思います。「ミ」と「ム」を強調するような感じで言ってみましょう。上唇と下唇を合わせて出す音が続くと、言いにくいものです。口の周りの表情筋を動かす意識を持つことが大事です。

村松 真貴子
フリーアナウンサー　エッセイスト　食生活・教育ジャーナリスト

NHK［イブニングネットワーク］「こんにちは　いっと６けん」キャスター、
「きょうの料理」などを担当。
現在は講演、執筆の傍ら、朗読を文化として根付かせるための活動を展開。
NHK 文化センター・NHK 学園などの「話し方教室」「朗読教室」講師。
女子栄養大学非常勤講師。
著書：「イキイキ話し方教室　アナウンサーが伝える５つの上手」（ぎょうせい）
　　　「テレビのなかのママが好き」（集英社）

楽しく話す生き方教室

2016年６月３日　第１版 第１刷発行

著　者　村松真貴子

発行者　尾中隆夫

発行所　全国共同出版株式会社
〒161-0011 東京都新宿区若葉1-10-32
TEL. 03-3359-4811　FAX. 03-3358-6174

印刷・製本　株式会社アレックス